Lucy Heyer-Grote (1891-1991)

Lucy Heyer-Grote (1891-1991):

Ihr Leben im Wandel der Zeit

© 2021 Yael N. B. Gsell

1. Auflage

Umschlaggestaltung, Illustration: *Lucy Heyer-Grote, Postkarte, ca. 1920er Jahre (Universitätsbibliothek Basel, NL 335, A lg)*

Verlag und Druck: tradition GmbH, Halenreie 40-44, 22359 Hamburg
ISBN Taschenbuch: 978-3-347-38626-6
ISBN Hardcover: 978-3-347-38627-3
ISBN e-Book: 978-3-347-38628-0

Bibliografische Information der Deutschen Nationalbibliothek:
Die Deutsche Nationalbibliothek verzeichnet diese Publikation in der Deutschen Nationalbibliografie; detaillierte bibliografische Daten sind im Internet über http://dnb.d-nb.de abrufbar.

Inhaltsverzeichnis

Vorwort

Ursprünglich schrieb ich diese Biografie 2019 als Masterarbeit, mit dem langen Titel "Lucy Heyer-Grote Biografie.
Eine emanzipierte Frau im Wandel der Zeit", für meinen
Studienabschluss in Geschichte (und Kunstgeschichte) an
der Universität Basel. Die Betreuer meiner Masterarbeit
waren Prof. Dr. Martin Lengwiler (Professor für Neuere Allgemeine Geschichte an der Universität Basel) und Dr. Lorenz Heiligensetzer (Wissenschaftlicher Mitarbeiter HAD
der Universitätsbibliothek Basel). Nach der Abgabe der
Masterarbeit gab es immer wieder Anfragen für ein Beleg-
exemplar dieser Arbeit. Diese Anfragen bewogen mich
dazu, mich nochmals mit dem Leben von Lucy Heyer-
Grote zu befassen und nach weiteren Quellen zu suchen.
Dabei stiess ich auf weitere Sackgassen und Enttäu-
schungen:
So hatte ich endlich auch Zugang zu den gesperrten Briefen an der ETH Zürich erhalten. Leider musste ich ent-
täuscht feststellen, dass diese weder neue, noch unbe-
kannte Informationen beinhalteten.
Dank dem digitalen Zeitalter und dem Bestreben der Ar-
chive Informationen digital zugänglich zu machen, stiess

ich schliesslich auf das Archiv des «Institute of Germanic and Romance Studies, University of London». In diesem Archiv befinden sich viele Briefe von Lucy Heyer-Grote und Gustav Richard Heyer an Friedrich Gundolf und Elisabeth Salomon.

Während des Verfassens meiner Masterarbeit und auch danach, liessen Familienangehörige und Bekannte von Lucy Heyer-Grote mich an Ihren Erinnerungen teilhaben und gaben mir damit wertvolle Einsichten in Heyer-Grotes Leben. So möchte ich mich an dieser Stelle ganz herzlich bei Heyer-Grotes Verwandten und Bekannten für Ihre Zeit, Erinnerungen, Hilfe bei Rückfragen und Anregungen bedanken.

Auch bei meinen beiden Betreuern der Masterarbeit, Herrn Prof. Dr. Lengwiler und Herrn Dr. Heiligensetzer möchte ich mich für Ihre Hilfe und Ratschläge während des Verfassens meiner Masterarbeit bedanken.

2020 erschien mein kleiner Aufsatz: Körpertherapeutische Pionierin und C. G. Jung-Biographin: Zur Lebensgeschichte von Lucy Heyer-Grote (1891-1991). In: Basler Zeitschrift für Geschichte und Altertumskunde (BZGA), Bd. 120, S. 301-306. Da ich bis zu meiner Masterarbeit noch nie etwas publiziert hatte und dieser kleine Aufsatz in der BZGA ohne die tolle Hilfe von Herrn Dr. Lorenz Heiligensetzer nie zustande gekommen, geschweige denn publiziert worden wäre, möchte ich mich an dieser Stelle hierfür, wie auch für seine Hilfe bei der Vorbereitung dieser vorliegenden Publikation, ganz herzlich bedanken.

Danke auch an meine Familie, die mich während meines Schreibprozesses mit Anregungen und viel Geduld unterstützt haben.

1. Einleitung

Jedes Leben hat eine Geschichte zu erzählen, und oftmals bleibt sie unerzählt. Wenngleich vielleicht nicht jeder Mensch ein, aus der Sicht der Gesellschaft, "interessantes" Leben führte, hinterliess er doch irgendwo seinen Fussabdruck. Dies bewegte mich dazu, für meine Masterarbeit, in der Universitätsbibliothek einen Nachlass auszuwählen, von dem bisher keine Biografie existierte und daraus eine Biografie zu schreiben. In Beratung mit meinen beiden Betreuern Herrn Prof. Lengwiler und Herrn Dr. Heiligensetzer fiel die Wahl auf den Nachlass von Frau Lucy Heyer-Grote (Handschriften. Sign.: NL 335).

Zu Heyer-Grote gab es bisher nur wenige und knapp biografisch verfasste Aufsätze, aber keine eigenständigen Biografien. Stefan Dietrich gibt in seinem Buch "Atemrhythmus und Psychotherapie. Ein Beitrag zur Geschichte der Psychosomatik und ihrer Therapien" einen groben Überblick über Heyer-Grotes Leben. Doch leider sind darin einige Angaben fehlerhaft. So war bspw. Heyer-Grote bereits 1911 immatrikuliert, und nicht erst 1912, wie Dietrich schreibt. Auch dass sie 1930 mit ihrer Tanz- und Gymnastikschule aufhörte, stimmt nicht. Heyer-Grote führte ihre

11

Schule auch nach 1930 noch weiter[1].

Der Nachlass setzt sich aus handschriftlichen Dokumenten (wie Tagebücher, Traumtagebücher, Agenden, Korrespondenzen, Manuskripte) und gedruckte Dokumente (wie Zeugnisse, Zeitungsartikel und Zeitschriften mit Heyer-Grotes Aufsätzen) und schliesslich auch Fotografien zusammen. Bis auf die Zeugnisse, mehrere Korrespondenzen, ein paar Manuskripte anderer Autoren und Zeitungsartikel, sind die Dokumente hauptsächlich von ihr selbst verfasst. Die meisten Dokumente entstanden in München, Heidelberg und Basel zwischen 1917 und 1988[2].

Mein erster Eindruck vom Nachlass war sehr positiv,

---

[1] Es gibt noch mehr Unstimmigkeiten, auf die in der vorliegenden Publikation aber nicht weiter eingegangen wird. Dietrich, Stefan: Atemrhythmus und Psychotherapie. Ein Beitrag zur Geschichte der Psychosomatik und ihrer Therapien. Bonn 1995, S. 30-31. Universitätsbibliothek Basel (UB Basel), NL 335, A Ia 3 (Lebenslauf 1891-1953); A Ia 5 (Lebenslauf von 1891-1973); A Ib 1 (Zeugnis der Universität München 1912); A IIb 2 (Werbung für Gymnastik- und Tanzschule, September 1930).

[2] Die vorliegende Arbeit baut hauptsächlich auf Quellen aus dem Nachlass auf.

schien er doch alles Wichtige zu enthalten, so unter anderem ja auch Tagebücher und Agenden, die mir den Einblick in Heyer-Grotes Leben erleichtern sollten. Bei der intensiveren Auseinandersetzung mit dem Nachlass fiel allerdings auf, dass der Nachlass von der Nachlasserin nicht nur schön geordnet worden war, sondern auch kaum Korrespondenzen enthielt. Hinarbeitend auf das Verfassen einer Biografie über sich selbst, begann Heyer-Grote ihren Nachlass zu ordnen. Dabei sortierte sie auch viele Korrespondenzen aus. Wie viele und welche weiteren Dokumente ebenfalls entsorgt wurden, ist unklar. Auf diese Problematik wird im nächsten Kapitel noch näher eingegangen.

Bei der Wahl des Titels ging es darum auch Heyer-Grotes Leben darin einzubinden. Anhand ihres Nachlasses kann nicht nur ihr Leben rekonstruiert werden, sondern auch ein Bild einer, für ihre Generation äusserst emanzipierten Frau skizziert werden: Sie durchlebte ein ganzes Jahrhundert (erlebte zwei Weltkriege, sowie Einführung des Frauenstimmrechts) und gehörte zu den ersten Frauengenerationen, welche Abitur machten und studierten[3]. Sie war für ihre Zeit, resp. Generation eine sehr selbständige und selbstsichere Frau aus gutbürgerlichem Hause, welche sich auch beruflich von ihrem Manne unabhängig machte und sich ihren eigenen Lebensunterhalt als Tanz- und Atemtherapeutin, Psychologin sowie Übersetzerin verdiente[4].

Ziel der vorliegenden Arbeit ist es, Lucy Heyer-Grotes Leben nicht nur zu skizzieren, sondern sie selber und ihre Arbeit in einen zeitlichen und gesellschaftlichen Kontext zu setzen. Zudem sollte die heutige Rezeption von Heyer-

---

[3] Bereits 1869/1870 wurde einer Frau (der Russin Sofja Kovalevskaja) erlaubt in Heidelberg Vorlesungen zu besuchen. Lange wurden die Frauen aber weder immatrikuliert noch erhielten sie einen Bestätigungsschein, dass sie Vorlesungen besucht haben. Auch konnte ihnen jederzeit die Erlaubnis wieder entzogen werden. 1899 gab es erste Abiturientinnen des Karlsruher Mädchengymnasiums. 1900 wurden an der Heidelberger und Freiburger Universität die ersten Frauen (insgesamt neun Studentinnen) immatrikuliert. Drei Jahre später wurde auch in Bayern das Frauenstudium eingeführt. An der Münchner Universität immatrikulierten sich 26 Frauen. Birn, Marco: Die Anfänge des Frauenstudiums in Deutschland, Heidelberg 2015, S. 21-22, 28, 29, 32, 118.
[4] UB Basel, NL 335, A la 1, (Lebenslauf von 1911-1953); A la 3; A la 5.

Grotes Arbeit untersucht werden. Leider gibt es einige Lücken aufgrund fehlender Dokumentation: Die Suche nach weiterführenden Unterlagen und Literatur endete häufig in Sackgassen. Zum einen konnten keine Unterlagen gefunden werden (gerade während dem zweiten Weltkrieg gingen bei der Bombardierung Deutschlands zahlreiche Dokumente verloren), zum anderen wurde aus Gründen des Personenschutzes die Auskunft verweigert. Während des Verfassens meiner Masterarbeit reichte auch die Zeit nicht, allen möglichen Ideen, Richtungen, Spuren nachzugehen und weitere Quellenorte aufzuspüren und zu konsultieren. Bereits während des Verfassens meiner Masterarbeit gelang es mir Menschen aus dem näheren Umfeld Heyer-Grotes zu kontaktieren und von ihnen weitere, andere Sichtweisen zu Heyer-Grotes Leben zu erfahren. Was die heutige Rezeption betrifft, wird Heyer-Grote zwar noch in diversen Sekundärliteraturen, welche Atem- und Bewegungstherapie allgemein thematisieren, am Rande erwähnt (Bspw. in Von Steinaecker, Karoline: Luftsprünge. Anfänge moderner Körpertherapien, München 2000). In wie weit aber, die von ihr, entwickelten Methoden in den

heutigen Atem- und Bewegungstherapien anderer Thera-
peuten zugegen ist, ist leider nicht feststellbar[5]. Die Biografie ist in erster Linie chronologisch aufgebaut und, für
eine einfachere Übersicht über Heyer-Grotes Leben, the-
matisch (in Privatleben und Arbeit) unterteilt.

Zu Beginn der Biografie bis zu ihrer Heirat mit Gustav

---

[5] Heyer-Grote hatte auch Schüler, denen sie ihre Atem- und
Bewegungstherapien vermittelte. Leider konnte bei der Re-
cherche nach Rezeption nur von einer Schülerin der Name
herausgefunden werden: Marion Rosen (*24. 6. 1914 in Nürnberg, †18. 1. 2012 in Berkeley/Kalifornien). Rosen war während dem zweiten Weltkrieg nach Amerika ausgewandert und
entwickelte auf dem Weg dorthin, durch andere weitere Ein-
flüsse ihre eigene Therapie, die "Rosen-Methode". Mehr zu
Marion Rosen finden Sie im Kapitel 4. 2. 1 Ihre Atemtherapie.
Talisman, Nomi/ Hibbert-Jones, Dee: "Marion Rosen talks
about her training with Lucy Heyer", Interview 2008, zu finden
auf: https://vimeo.com/64249909, letzter Zugriff: 28. 11. 2018.
Talisman, Nomi/ Hibbert-Jones, Dee: Marion Rosen shares
personal history, and how she came to Berkeley, CA, Interview
2005, zu finden auf: https://vimeo.com/61471414, letzter
Zugriff: 28. 11. 2018. Mayland, Elaine L.: Rosen-Methode Kor-
perarbeit, Bühl/Baden 2010, S.18-19. Dr. Malin, Lisa: Mail zur
heutigen Rezeption von Lucy Heyer-Grotes Arbeit, 23. 11.
2018. Knoop, Juliane Maria: Marion Rosen, Rosen-Methode,
Bühl-Waldmatt 2018, zu finden auf: http://www.rosenme-
thode.de/?page_id=40, letzter Zugriff: 15. 12. 2018. Knoop,
Juliane: Mail zur Rosen Methode und möglicher Verbindung
zu Heyer-Grotes Arbeit, 17. 12. 2018. Von Steinaecker, Karoline: Luftsprünge. Anfänge moderner Körpertherapien, München 2000, S. 157-158.

Richard Heyer (1917) wird sie stets Lucy Grote genannt. Nach ihrer Hochzeit wurde sie in der vorliegenden Arbeit einfachheitshalber mit Heyer-Grote bezeichnet. Heyer-Grote nannte sich selbst nach der Heirat (bis lange nach der Scheidung) Lucy Heyer. Erst mit ihrer Rückkehr in die Schweiz 1953 benutzt sie den Doppelnamen Heyer-Grote[6].

Da aus ihrer Kindheit nur wenig bekannt ist, gibt es dazu nur ein kleines Kapitel vorab. Die Biografie selbst setzt zu Beginn ihrer Studienzeit ein und beschreibt ihr Leben bis zu ihrem Tode. Wie bereits oben erwähnt und im nächsten Kapitel thematisiert, bleibt einiges ungeklärt. Dennoch war

---

[6] Ihre Familie und einige Freunde (wie beispielsweise F. K.) nannten Heyer-Grote auch Lux oder Luxerl. Nach ihrer Heirat mit G. R. Heyer erschienen bis 1954 ihre Aufsätze unter dem Namen Lucy Heyer. Erst ab 1956 benutzt sie ihren Doppelnamen Heyer-Grote. UB Basel, NL 335, B1 (1953-1954, Heyer, Lucy: Für die Praxis Atemtherapie. In: Die Heilkunst, Heft 12, München Dezember 1954, S. 410-414); B1 (1955-1970, Heyer-Grote, Lucy: Bewegungs- und Atemtherapie. In: Frankl, Viktor E./ Freiherr vom Gebsattel, Victor E./ Schultz, J. H. (Hrsg.): Sonderdruck aus Handbuch der Neurosenlehre und Psychopathen, München und Berlin 1956, S. 299-311); C II 50, 2 (Brief von F. K. an Lucy Heyer-Grote, 21. 5.1961).

es möglich, einzelne Aspekte ihres Lebens herauszugreifen und näher darzustellen.

2. Die Nachlasserin und ihr Nachlass

„Es gibt verschieden Zugänge zum Leben eines Menschen. Die Biographie im üblichen Sinne sucht den Lebenslauf möglichst lückenlos zu erforschen und einen Längsschnitt durch das Leben zu ziehen. Es wäre die Form der historischen Darstellung. Für schöpferische Menschen wird häufig das Werk in den Mittelpunkt der Betrachtung gesetzt. Der Ausgangspunkt ist ästhetisch. (...)[7]*"* dies schrieb Heyer-Grote als Vorwort zu ihrer Jung Biografie. Die hier vorliegende Arbeit, wenn ich die Worte Heyer-Grotes benutze, ist eine Biografie im üblichen Sinne: Sie ist ein Versuch den Geist und das Wesen Heyer-Grotes zu erfassen und vor allem aus ihrem Leben zu erzählen, sowie ihre Arbeit zu thematisieren. Bereits zu Lebzeiten befasste sie sich (1981) mit dem Gedanken, von ihrem Sohne Anselm Heyer über sich eine Biografie verfassen zu lassen. Doch mit seinem Tode 1983 fragte

---

[7] Zitiert aus: UB Basel, NL 335, D III 1 (Manuskript zu C. G. Jung Biografie, Vorwort I., S. 1-4, hier S. 1).

18

sie sich, wer nun diese Biografie schreiben würde[8]. Obgleich sie nicht wusste, ob und wann oder wer überhaupt, über sie eine Biografie verfassen würde, hielt sie an ihrem Ziel fest, ihren Nachlass fertig vorzuordnen. So äusserte sie 1986 zwar den Wunsch, endlich sterben zu dürfen, hoffte aber zugleich das Ordnen ihres Nachlasses noch beenden zu können[9]. Beim Ordnen wie auch aussortieren von Briefen und Dokumenten half ihr ihre Patentochter Martha Rohde-Liegle. Für die Bearbeitung ihres Nachlasses empfahl ihr ihre Patentochter Rohde, sie solle doch Ingrid Metzger-Buddenberg kontaktieren. Heyer-Grote notierte sich zwar den Vorschlag, kontaktierte aber Frau

---

[8] UB Basel, NL 335, A Ic 9 (Rundbrief von Heyer-Grote an ihre Freunde, Jan. 1985).

[9] Vorwiegend zwischen 1981 und 1984 ordnete sie ihren Nachlass. Mit zunehmendem Alter machte auch die Einsamkeit Heyer-Grote zu schaffen. So schrieb sie am 13. April 1987 darüber wie einsam sie ist und am 19. April 1987 hielt sie fest, dass sie oft an den Tod denke und sich frage wie sie bei ihrer Gesundheit doch noch sterben könne. UB Basel, NL 335, A Ie 21 (Agenda von 1984, hier Einträge von 12., 17.-18. Mai, 5. Juli, 9., 26. -27. Nov. 1984); A Ie 22 (Agenda von 1985, hier Einträge von 10., 11., 15.-17. Jan., 14. Feb., 17. und 19. Juni und 24., 29. Nov. 1985); A Ie 24 (Agenda von 1986, hier Einträge von 5., 8. und 11. April 1986); A Ie 25 (Agenda von 1987, hier Einträge von 13., 17. und 19. April 1987).

Metzger-Buddenberg nie[10]. Ihrer Patentochter gab sie Dokumente und Briefe von Josu Liegle und Rolf Liegle, wie auch Karl Osswald mit. Heyer-Grote selbst vernichtete im August 1980 sämtliche, bis dahin gesammelten Korrespondenzen mit Verlagen. Aber auch sonstige private Korrespondenzen sind kaum "erhalten". So gibt es auffällig wenig Briefe in ihrem Nachlass, für das sie jedes Jahr viel zu viele "Briefschulden" hatte. Noch vor ihrem Tode hatte Heyer-Grote ihre Patentochter darum gebeten, die meisten Briefe zu vernichten. Auffällig ist die vollständig wirkende Korrespondenz zwischen Lucy Heyer-Grote und Gustav Richard Heyer in ihrem Nachlass. Dementsprechend ist in der vorliegenden Arbeit auch das Kapitel 4.1, im Vergleich zu anderen Kapiteln, ziemlich ausführlich

---

[10] Während dem zweiten Weltkrieg gelang es Heyer-Grote nicht, die Familie Liegle zu besuchen. So lernte sie ihre Patentochter erst sehr viel später persönlich kennen. Sie hatten aber bereits vor ihrem ersten persönlichen Treffen Schriftverkehr. Frau Metzger bearbeitete zu dieser Zeit den Nachlass von Edgar Salin. UB Basel, NL 335, A Ie 18 (Agenda von 1981, hier Eintrag vom 29. 6. 1981); C II 64, 1 (Brief von Heyer-Grote an Martha Rohde-Liegle, 29. 5. 1943). Metzger-Buddenberg, Ingrid: Telefongespräch betreffend mögliche Kontaktaufnahme Heyer-Grotes zu Metzger-Buddenberg für eine Nachlassordnung, 24. 10. 2018.

ausgefallen[11]. Gerade aufgrund fehlender Korrespondenzen ist es nur schwer möglich, Aussagen über ihren Be-
kanntenkreis und die damit verbundene Kontextualisie-
rung ihres Lebens in der Gesellschaft zu machen. So war
es, bis zum Fund der Briefe im Archiv des «Institute of Germanic and Romance Studies, University of London» zwar
klar, dass Heyer-Grote Friedrich Gundolf kannte, aber es
war nicht möglich eine Aussage über deren Beziehungs-
geflecht zu machen. Mittels dieser Briefe im Archiv in London können nun freundschaftliche Beziehungen zwischen
Lucy Heyer-Grote und Friedrich Gundolf, wie auch zwischen Lucy Heyer-Grote und Elisabeth Salomon belegt
werden. Aus den Briefen geht hervor, dass sie sich gegen-
seitig besuchten, dass Elisabeth Salomon Heyer-Grote
(während dem ersten Weltkrieg) mit den Lebensmittelmar-
ken half und ihr (Heyer-Grote) sogar den eigenen Hut lieh.
Es bleibt unklar, wieso sie so viele Korrespondenzen vernichten liess[12].

---

[11] UB Basel, NL 335, A Ic 8 (Verschiedenes, hier Eintrag vom
17. Mai und 9. Nov. 1984); A Ie 22 (hier Eintrag vom 9. 1.
1985).
[12] Institute of Germanic and Romance Studies, University of
London, Friedrich Gundolf papers, V/Letters to Gundolf, H 17

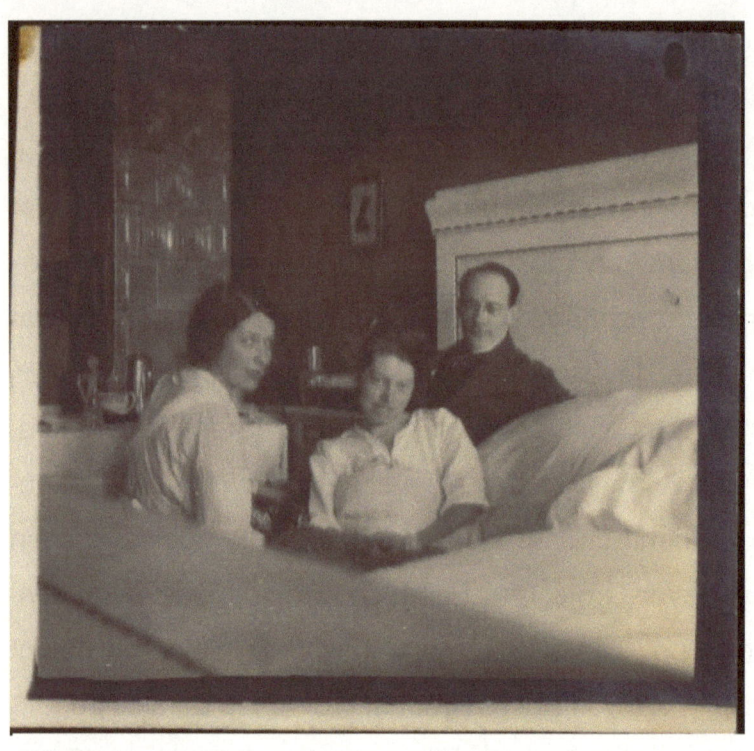

Abbildung 1
"Elli Salomon, Lucy Heyer, Hanno v. Eckhardt 19(...)",
Fotografie, ca. 1920er-Jahre (Universitätsbibliothek Basel,
NL 335, A lg)

(Briefe von Lucy Grote an Elisabeth Salomon, 7. 2. 1917, 5. 8.
1917 und 30.9.1921). Universitätsbibliothek Basel (HAN):
Nachlass 335: Lucy Heyer-Grote (1891-1991), zu finden auf:
https://www.ub.unibas.ch/ibb/api/ubnachlass/personen.html,
letzter Zugriff: 30. 10. 2018. UB Basel, NL 335, A Ic 8 (Verschiedenes, hier Eintrag vom 17. 5. 1984).

Was wie weit fehlt, könnte nur ansatzweise rekonstruiert werden. So fehlt beispielsweise auch ein Brief von "Kleist" aus dem Jahre1969 oder 1970, in welchem sie über die Operation an ihrem Sohn Anselm Heyer (aufgrund eines Oesophagus Durchbruchs 1969) informiert wird. Dass dieser Brief existiert hat, kann nur aus ihrer Notiz im Büchlein "Daten zu meinem Leben" geschlossen werden[13]. Zudem scheinen verschiedene Einträge in ihren Agenden nachträglich eingetragen worden zu sein. So schrieb sie beispielsweise am 12. Juli 1942 in ihre Agenda „H.W. zum letzten Mal mit E. bei mir." Ein paar Eintragungen später wird ersichtlich, wieso die Person mit den Initialen H. W. am 12. Juli zum letzten Mal bei ihr war: Am 20. Juli 1942 starb H. W[14].

Neben der Vorsortierung und Schmälerung ihres Nachlasses hatte sie für ihre (Auto-)Biografie bereits zwei Zitate von Goethe ausgewählt. „Der Tag an und für sich ist gar miserabel; wenn man nicht ein Lustrum anpackt, so gibt's

---

[13] In diesem Büchlein schrieb Heyer-Grote aufkommende Erinnerungen aus ihrem Leben nieder oder exzerpierte Informationen aus Dokumenten, wie dem eben genannten Brief von "Kleist". UB Basel, NL 335, A Ic 1 ("Daten zu meinem Leben).
[14] Zitiert aus: UB Basel, NL 335, A I e: 5.

keine Garbe" und *„Denn das ist der grosse Vorteil des hohen Alters, sich ein ganzes Jahrhundert vorführen zu können, und es beinahe als persönlich gegenwärtig anzuschauen.*[15]" Wann genau sie sich diese beiden Zitate auswählte ist unklar. Da aber vor 1981 keine Planäusserungen über eine eigene Biografie ihrerseits zu existieren scheinen, hat sie diese wohl erst zwischen 1981 und ihrem Tode ausgewählt. Beide Zitate scheinen wie auf sie und ihren damaligen Lebensabschnitt zugeschnitten zu sein. Wenngleich sie mit dem Gedanken spielte, eine eigene Biografie zu verfassen oder verfassen zu lassen, erlebte sie die Verschriftlichung ihrer Lebensgeschichte nicht mehr. Nach ihrem Tode 1991 nahm ihre Patentochter den Nachlass an sich und übergab diesen, zehn Jahre später 2001, wie mit Heyer-Grote ausgemacht, der Universitätsbibliothek Basel. Noch bis Sept. 2018 waren Publikationen aus

---

[15] Heyer-Grote gefielen Goethes Werke. So dass sie auf dem Rückweg von einer Eranos-Tagung nach Basel, festhielt, dass bei Ihrer Fahrt über den Gotthard Goethe immer dabei ist. UB Basel, NL 335, A Ic 6 (Eintrag vom 28. 8. 1964). Zitate im Haupttext aus: UB Basel, NL 335, A Ic 1 ("Daten zu meinem Leben"); A Ic 8, (Motti für mein Opus).

dem Nachlass Heyer-Grotes nur mit der Erlaubnis von Rohde-Liegle möglich[16].

Was ihre Verbindung zum Stefan George Kreis betrifft, so wechselten G. R. Heyer und sie von der Münchner Universität an die Heidelberger Universität, in der Hoffnung, mit dem dort lebenden Stefan-George Kreis in engeren Kontakt zu kommen. G. R. Heyer und dessen Bruder Wolfgang Heyer, wie auch ihr Kommilitone Edgar Salin wurden von Stefan George eingeladen. Aber, soweit aus ihrem Nachlass hervor geht, hatte sie selber nie persönlich Kontakt zu Stefan George gehabt oder etwas mit dessen Kreise zu tun, vielmehr suchte sie den Kontakt zu einzelnen Personen dieses Kreises, wie den bereits erwähnten Friedrich Gundolf[17].

---

[16] UB Basel NL 335, A Ia 1-5 (Todesanzeigen zum Tod von Lucy Heyer-Grote).

[17] Friedrich Gundolf war zu dieser Zeit Privatdozent an der Universität Heidelberg und mit dem Dichter Stefan George befreundet. Durch ihn wurden (vor allem männliche) Studenten zu Stefan George eingeladen. Friedrich Gundolf schenkte Heyer-Grote eine Vergil Ausgabe mit einer (lateinischen) Widmung, die sie später dann, aufgrund finanzieller Probleme verkaufen wollte. UB Basel, NL 335, A Ia 1 (Lebenslauf); A Ic 3

3. Kurzer Überblick über Lucy Grotes Kindheit

Am 30. Juli 1891 kam Lucy Johanna Grote in einer gutbürgerlichen Familie zur Welt[18].

Sie war das erste Kind aus zweiter Ehe Ernst Grotes mit Anna Johanna Theresia Grote (geb. Mörschell). Nach ihr kamen noch ihre jüngeren Geschwister Werner und Edith Grote zur Welt. Ihre älteren Geschwister Anna Elisa Wilhelmine und Fritz Grote stammten aus der ersten Ehe mit Anna Grote, geb. Raschle (†1885)[19].

Ihr Vater leitete von 1873 bis 1898 eine chemische Fabrik in Basel. Danach leitete er eine neue Filiale der Frankfurter Farbenindustrie in Riga, so dass die ganze Familie Grote im Juni 1898 von Basel nach Ilgezeem in Riga (Lettland) übersiedelten[20].

(Brief von Heyer-Grote an Sophia Kronig, 1. 1. 1978); D IV 7 (Manuskript über Gustav Richard Heyer, 1985); D VI 3.
[18] UB Basel, NL 335, A Ia 3; A Ia 5; A Ib 4 (Bestätigung des Polizei-Departement des Kantons Basel-Stadt, 1953).
[19] UB Basel, NL 335, A Ic 3 (oranger Umschlag "Einfälle und Notizen für Bios"); C I 1 (Predigt zu Annas Bestattung 1958).
[20] In Riga besuchte Lucy Grote die reichsdeutsche Mädchenschule und später das Gymnasium in Karlsruhe. UB Basel, A Ia 1 (Lebenslauf); A Ia 3; A Ia 5; A Ib 4 (Angaben zum Rückbürgerungsgesuch der Frau Lucy Heyer-Grote); A Ic 1 ("Daten zu meinem Leben"); A Ie 29 (Eintrag vom 12. 4. 1985).

Schliesslich erkrankte Lucy Grotes Mutter an einem Gehirntumor und starb am 19. Juni 1903. Nach ihrem Tod übernahm die älteste Schwester Anna Grote (aus erster Ehe) im Alter von 30 Jahren die Fürsorge für die jüngeren Kinder aus der zweiten Ehe (Lucy, Werner und Edith Grote). Neben Anna Grote kümmerten sich auch Bedienstete und Dienstmädchen, um die Kinder[21].

Die Kinder erhielten neben der Schulbildung auch Instrumentalunterricht (Fritz und Werner Grote spielten Violine, während Lucy und Edith Grote das Klavierspiel erlernten). Sie wuchsen mit Tieren, u. a. Foxterriern und Kanarienvögel auf. Zu ihrem Umzug nach Riga erhielt Lucy Grote von ihrem Vater ein Lämmlein, welches sie, wie sie aus ihren

---

[21] In einem Brief an ihre Schwester Anna, schrieb Edith Grote, wie oft sie und Heyer-Grote an die Zeit denken, als Anna auf sie aufpasste und was für lebhafte Kinder sich doch gewesen sind. Heyer-Grote fragte sich noch 1984 ob das Kinderfräulein Helwig wegen Eifersucht seitens Anna gehen musste. Als Nachfolgerin Helwigs bekamen die Kinder ein Fräulein Heibling. UB Basel, NL 335, A Ic 1 ("Daten zu meinem Leben", Eintrag vom 12. 5. 1984); A Ic 3 ("Einfälle und Notizen für Bios"); A IIa 6 (Brief von Edith Grote an Anna Grote, 15. 6. 1923, S. 1); B6 (Heyer, Lucy: Der Tod, Bestandteil des Lebens, war in meiner Kindheit noch in unser Dasein einbezogen. In: Kirchenbote, Nummer 11, Nov. 1982, auf S. 4, 3.-5. Spalte); C I 1, (Predigt zu Annas Bestattung 1958).

Erinnerungen schreibt, zur Enttäuschung ihres Vaters schlecht versorgte.

Im Hause Grote, aber auch später in der Gesellschaft, gaben die Geschwister so manches Mal ein Hauskonzert zum Besten. Ihre musikalische Bildung begleitete sie, insbesondere Lucy Grote, auch im späteren Leben.

Nicht nur die Knaben hatten freie Wahl für ihren beruflichen Werdegang, auch den Mädchen liess Ernst Grote freie Hand. So gehörte Lucy Grote auch zur ersten studierenden Frauengeneration[22].

---

[22] Ihrer Schwester Anna Grote gehörte ein Papagei Namens Jacot. Obwohl Lucy Grote mit Tieren aufwuchs, tat sie sich nie ein Haustier zu und verhielt sich distanziert zu Tieren. So äusserte sie sich 1977 auch in einem Brief an "Nonna" (richtiger Name unbekannt, war eine Freundin von Sonda Heyer) über mögliche Unannehmlichkeiten bei der Haltung eines Katers in einer Wohnung. Was Heyer-Grotes musizieren an einem Klavier oder ihrem Flügel betrifft, würde eine Auflistung aller Daten hier zu viel Platz beanspruchen. So gibt es hier ein paar Angaben aus den beiden Jahren 1945 und 1958. UB Basel, NL 335, A Ie: 6 (Agenda von 1945, Einträge von 12. 8. und 23. 9. 1945); A Ie 9a, (Agenda von 1958, 1. Vierteljahr, hier Einträge von 11. und 26. Jan. 1958); A Ic 8 (Brief von Heyer-Grote an "Nonna" vom 25. 1. 1977); A Ie 29 (Eintrag vom 12. 4. 1985); A IIa 5a, (Brief von Lucy Grote an ihren Vater Ernst Grote, 14. 6. 1906). Birn, Marco: Die Anfänge des Frauenstudiums in Deutschland, Heidelberg 2015, S. 21-22, 28, 29, 32, 118. Fritz, Marc Oliver: Mail zu Lucy Heyer-Grote, 21. 7. 2020.

Abbildung 2

"Unsere Familie in der Veranda in Ilgezem 1908?" Auf dem
Bild ist die Familie Grote (v. l. n. r. Lucy Grote, Ernst Grote,
Edith Grote, Anna Grote, Fritz oder Werner Grote)
abgebildet. Fotografie, um 1908 (Universitätsbibliothek
Basel, NL 335, A Ig)

3. 1 Der Konzertflügel – ihr Lebensbegleiter

Wie bereits erwähnt, erhielten alle Kinder (Fritz, Werner, Edith und Lucy Grote) alle ein Instrument und gaben hin und wieder kleine Hauskonzerte zum Besten. Voller Freude schenkte Ernst Grote seiner Tochter Lucy Grote zu der bestandenen Matur einen Konzertflügel. Egal wohin sie auch zog, der Flügel war stets mit dabei, bis zu ihrem Einzug ins Humanitas. Ihr Flügel überstand nicht nur jeden Umzug, sondern auch die Zerbombung in München während dem zweiten Weltkrieg. Schliesslich musste sie aber im Sommer 1969 ihren Flügel wiederauffrischen lassen. An ihre Freundin Gertrude Lederer-Eckart schrieb sie dazu: *„Er hatte ja harte Zeiten hinter sich. Musste er schon früher die Transporte von Dresden (Firmastandort) nach Riga, von Riga nach München und schliesslich zuletzt von München nach Basel bestehen, so erlitt er doch viel schlimmere Schäden durch den Krieg: die Luftangriffe mit dem Durchblasenwerden mit Trümmerstaub, immer wieder die Winterkälte von draussen, wenn die Fenster zersplittert oder die Hauswände durchlöchert waren. Dabei hatte der Resonanzboden auch einen Sprung bekommen."*

Wann immer sie konnte, genoss sie es, am Flügel zu sitzen und zu musizieren. Doch manchmal reichte ihr die Zeit nicht, sich an ihrem Flügel oder an einem Klavier zu entspannen. Sie hatte nach der Scheidung 1933/1934, als alleinstehende, selbsterwerbende Frau kaum noch Zeit für ihr Klavierspiel. Vor ihrer Scheidung (1933/1934) sowie nach ihrer Rückkehr nach Basel (1953) sass sie gerne am Flügel und spielte manchmal mit ihrem Bruder Werner Grote oder auch mit ihrer Schwester Edith Grote vierhändige Stücke. Zu den von ihr vielgespielten Komponisten gehörten vor allem Händel, Bach, Beethoven, Weber und Mozart. Das Musizieren war ihr durch die Jahre wichtig geworden. So schrieb sie 1948: *„Hiermit beende ich den Bericht für diesmal, um mich an den Flügel zu begeben. Das Üben ist für mich die schönste Erholung. Ich kann heute gar nicht mehr verstehen, wie ich so lange Jahre auf diese Quelle der Freude und Erholung verzichtet habe[23].“* Auch

---

[23] UB Basel, NL 335, A Ic 3 ("Einfälle und Notizen für Bios"); A Ic 5 (Agenda von 1956, hier Einträge von 12. Mai und 24. Juni 1956); A Ie 8 (Agenda von 1954, hier Einträge von 20. Februar, 7. März, 6. und 19. Juni 1954). Zitiert aus: UB Basel, NL 335, A Ic 9 (Verschiedenes, hier Einträge von 7.2 - 9. 2. 1948); C II 54, 20 (Brief von Heyer-Grote an Gertrude Lederer-Eckart, 24. 11. 1969).

1950 in einem Brief an Freunde hielt sie fest, dass sie sich beim Klavier spielen am besten erholen kann. Zu den wenigen Momenten, bei welchen sie das Musizieren am Klavier während ihrer erwerbstätigen Zeit geniessen konnte, gehörten die Hauskonzerte, welche sie mit ihrem Chefarzt Krauss (an der Violine) zusammen im Christophsbad zum Besten gab[24].

Ihr musikalisches Können beeindruckte auch ihre Enkel Mischa Heyer und Yella

Levecq, sowie ihren Neffen Peter Grote sehr. So schrieb Frau Levecq, dass sie als Kinder voller Hingabe ihrem Pianospiel lauschten. Herr Peter Grote erinnerte sich, wie er als Kind seiner Tante Heyer-Grote ein Stück am Klavier zum Besten gab und sie ihm daraufhin dasselbe Stück so virtuos vorspielte, dass ihm die Lust Klavier zu spielen verging[25].

Nach ihrem Einzug ins Humanitas spielte sie jedoch kaum noch auf einem Tasteninstrument, dafür genoss sie umso

---

[24] UB Basel, NL 335, A Ic 9 (Rundbrief von Heyer-Grote an ihre Freunde, hier 23. 2. 1950).
[25] Levecq, Yella: Brief über ihre Erinnerungen zu Lucy Heyer-Grote, 6. 8. 2018. Grote, Peter: Interview zu Lucy Heyer-Grotes Leben, 11. 7. 2018.

mehr die klassische Musik am Radio und den Besuch ver-
schiedenster Konzerte. Sie besuchte neben den Konzerten im Humanitas selbst, auch auswärts mit Bekannten
Musikveranstaltungen, wie beispielsweise ein Beethoven
Violinkonzert in Weil am Rhein (24. September 1977). Zu
manchen Konzerten verfasste sie manchmal Konzertkritiken, die dann in der Riehener Zeitung und Badischen Zeitung erschienen (s. Kapitel 10. 3. Lucy Heyer-Grote Bibli-
ografie)[26].

---

[26] Neben den Konzertkritiken verfasste sie auch kleine Essays
aus dem Alltagsleben im Humanitas für das "Autal-Blättli", die
Hauszeitung des Humanitas. UB Basel, NL 335, A le 14
(Agenda von 1977, hier Einträge von 22. April, 27. August, 24.
und 26. September 1977); B6 (Heyer-Grote, Lucy: Freude am
Heimatland. In: Riehener Zeitung, 16. 9. 1977; Heyer-Grote,
Lucy: "Vom Geben und Nehmen". In: Hauszeitung der Huma-
nitas, Weihnacht 1977, S. 1-2; Heyer-Grote, Lucy: "Was ge-
schieht im Goetheanum". In: Autal-Blättli, Weihnachten 1979;
Heyer-Grote, Lucy: Die Weisheit Indiens. In: Autal-Blättli,
Weihnachten 1980.)

4. Studium, Familiengründung und Werdegang zu ihrer Unabhängigkeit (1911-1932)

4. 1 Ihr Privatleben

Mit ihrer Banknachbarin Hilde Wolff, aus der Karlsruher Mädchengymnasiumzeit, begann sie 1911 ihr naturwissenschaftliches Studium an der Münchner Universität[27]. Dort machten die Geschwister Hilde und Richard Wolff Lucy Grote mit Kommilitonen aus der Studentenverbindung "Akademische Gesellschaft", unter anderem auch Gustav Richard Heyer, bekannt. Richard Wolff und G. R. Heyer hatten diese Verbindung im Sommersemester 1911 als Alternative (Gegensatz) zu den üblichen Verbindungen gegründet. Vor allem richtete sie sich gegen Alkoholmissbrauch. In der Freizeit gingen sie Wandern, trieben Sport

---

[27] Vom 21. Okt. 1911 bis Okt. 1912 besuchte sie an der Universität München Naturwissenschaften. 1982 überlegte sie, wieso sie nicht bei ihrem Archäologiestudium geblieben war und sich der Tiefenpsychologie zugewandt hat. UB Basel, NL 335, A Ia 1 (Lebenslauf); A Ia 3; A Ia 5; A Ib 1 (Zeugnis); A Ic 2; A Ic 3 ("Einfälle und Notizen für Bios"); A IId 6 (Brief von Heyer-Grote an Herr Kittel, 24. 6. 1985); C II 64, 46 (Brief von Heyer-Grote an Martha Rohde, 31. 3. 1982). Dietrich 1995, S. 30.

und diskutierten über literarische und politische Probleme[28].

Bereits vor der Bekanntmachung war ihr G. R. Heyer auf dem Universitätscampus aufgefallen. So schrieb sie: *„Erinnere mich genau der Situation, wie ich GR zum ersten Mal sah. Er stand in der 10h Pause vor der Theke im Korridor und trank aus Glas Milch. Das taten nur Vegetarier. Seine Haltung, sein Gesichtsausdruck gefielen mir, und so war mirs sehr angenehm, dass Richard mir ausgerechnet diesen jungen Mann vorstellte[29].“*

Im Sommersemester 1912 wechselten G. R. Heyer und Lucy Grote, wechselten im Sommersemester 1912 an die Universität in Heidelberg, in der Hoffnung mit Stefan George in Kontakt zu kommen. Wie bereits in München trafen sie sich auch in Heidelberg mit anderen Studenten

---

[28] Die beiden Geschwister Richard und Hilde Wolff waren Juden. In einem Brief an ihre Freundin Gertrude Lederer-Eckhardt (1947), fragte sich Heyer-Grote wie es ihnen wohl ginge und ob sie es beizeiten aus Deutschland geschafft hätten. UB Basel, NL 335, A Ic 3; A Ic 8 (Brief von Heyer-Grote an den Südwestdeutschen Rundfunk, 2. 5. 1981); C II 54, 8 (Brief von Heyer-Grote an Gertrude Lederer-Eckart, 1. 3. 1947, Rückseite der S. 1); D IV 7 (Manuskript über G. R. Heyer).
[29] UB Basel, NL 335, A Ic 3 ("Einfälle und Notizen für Bios").

zu gemeinsamen Ausflügen, Lese- und Diskussionsaben-den. Zudem gehörten Lucy Grote, G. R. Heyer und Wolf-gang Heyer (wie auch F. N. Hellingrath, Erna Schlüter, Os-car Heller, Edgar Salin und Stephanie Wolfflohn) zu einer Theatergruppe. 1914 führten sie zusammen Shake-speare's Komödie "Wie es euch gefällt" auf[30].

Mit der Kriegserklärung Ende Juli 1914 endete die unbe-schwerte Studienzeit und die Männer mussten einrücken. Obwohl der erste Weltkrieg ausgebrochen war, blieb Lucy Grote bis Wintersemesterschluss 1916/ 1917 an der Uni-versität in Heidelberg immatrikuliert[31]. 1917 befand sich auch Lucy Grotes Schwester Edith Grote in Heidelberg. Was sie genau zu dieser Zeit machte, ist unklar. Mit Edith

---

[30] In Heidelberg setzte Lucy Grote ihr Studium in Altphilologie und alte Geschichte fort. Mit diesem Theaterstuck traten sie zweimal auf: Das erste Mal im Juni zum Geburtstag des Pri-vatdozenten Friedrich Gundolf und das zweite Mal am Rekto-ratsfest im Juli im Park Schwetzingen. UB Basel, NL 335, A Ia 3; A Ic 3; D IV 7 (Manuskript über G. R. Heyer); D VI 1 (Notiz auf gelbem Umschlag und auf dem letzten Notizzettel in der Mappe).
[31] UB Basel, NL 335, A Ia 1 (Lebenslauf); A Ia 3; A Ib 1 (Ab-gangszeugnis von der Grossherzoglichen Badischen Rup-recht-Karls-Universität Heidelberg).

Grotes Aufenthalt in Heidelberg machte plötzlich das Gerücht die Runde, dass sie (Edith Grote) sich regelmässig mit Stefan George treffen würde. Lucy Grote regte sich über diesen Klatsch auf und versuchte diesen überall zu dementieren[32].

Im selben Jahr machte G. R. Heyer Lucy Grote einen Heiratsantrag. Bevor er ihr aber den Antrag machte, fragte er Friedrich Gundolf um dessen Rat, zu seiner Idee Lucy Grote zu heiraten. F. Gundolfs Antwort konnte nicht gefunden werden, aber es ist davon auszugehen, dass er Heyer nicht vom Antrag gegenüber Lucy Grote abriet. Bevor sie G. R. Heyer das Ja-Wort gab, holte Lucy Grote bei seinem Bruder Wolfgang Heyer, dessen Zustimmung ein. Die beiden (G. R. Heyer und Lucy Grote) heirateten 1917 während eines Front-Urlaubs Heyers. Die Heirat fand zuerst standesamtlich in Potsdam bei seinen Eltern statt und später auch noch kirchlich bei ihrem Vater in München. Da

---

[32] Institute of Germanic and Romance Studies, University of London, Friedrich Gundolf papers, V/Letters to Gundolf, H 17 (Briefe von Lucy Grote an Elisabeth Salomon, 19. 7. 1917, 23. 7. 1917 und 5. 8. 1917; Brief von Lucy Grote an Friedrich Gundolf vom 7. 8. 1917).

überall alles rationiert war, machten sie keine Hochzeits-
reise, genossen dafür mehrere Wochen im Hause ihres
Vaters in München. Dank den beiden Dienstmädchen, die
aus einem bäuerlichen Betrieb stammten, fehlte es dem
frisch vermählten Paar im Hause ihres Vaters an nichts[33].

---

[33] G. R. Heyer wurde während dem ersten Weltkrieg mehrmals
verwundet (Oberarm, Kopf und Lungen). Mit seiner Verletzung
an der Lunge erhielt er längeren Urlaub und konnte in dieser
Zeit sein Staatsexamen als Arzt ablegen. Sein Bruder Wolf-
gang Heyer fiel am 4. Oktober 1917 in Russland. UB Basel,
NL 335, A Ia 3; A Ia 5; A Ib 4, (Angaben zum Rückbürgerungs-
gesuch); A Ic 1 (im orangen Umschlag "Notizen zu BIOS"); A
Ic 3 (Brief von Heyer-Grote); A Ic 4 (Brief von Heyer-Grote an
"Albert" (Levecq), 26. 2. 1984); A Ie: 1a (1918 I); A Ie 22 (hier
Eintrag vom 13. 3. 1985); D IV 7 (Manuskript über G. R.
Heyer); D VII 4 (Brief von Heyer-Grote an Psychologische Ge-
sellschaft Basel, 22. 4. 1954). Dietrich 1995, S. 30. Institute of
Germanic and Romance Studies, University of London, Fried-
rich Gundolf papers, V/Letters to Gundolf, H 17a (Brief von G.
R. Heyer an Friedrich Gundolf, 14. 1. 1917).

Abbildung 3

"Hochzeitsessen am 13. 3. 1917 im Hotel Kontinental in München. Sitzend: Der Pfarrer der uns getraut hat, Sophie Müller, meine Gesangslehrerin
Der Vater, Lucy, Gustav Richard, Schwester Anna Grote
Stehend: Edith Grote, Sophia Koenig (als Trauzeugen)", Fotografie, 13. 3. 1917 (Universitätsbibliothek Basel, NL 335, A II b 1)

Dank ihrem Schwesternausweis (von ihrer Arbeit im Lazarett) und dem Einkommen aus ihrem Latein- und Griechischunterricht war es ihr möglich im Sommer 1918 für zwei Wochen ihren Mann im Gembloux (Belgien) zu besuchen[34]. G. R. Heyer war dort Chefarzt im Militärgenesungsheim. In diesen zwei Wochen verweilte sie mit ihrem Mann in der Villa eines geflüchteten belgischen Grundbesitzers. Sie liessen sich von einem "Burschen" bedienen und assen die, bei den Bauern requirierten Früchte, Eier und anderen Nahrungsmittel, oder gingen gemeinsam auf die Jagd, wo ihr Mann *„gelegentlich ein Häs'chen schoss"*[35]. Während seiner dortigen Stationierung schrieb G. R. Heyer seine Doktorarbeit über Paratyphus, bei welcher ihm seine Frau Heyer-Grote half, indem sie in der Bibliothek die dazu benötigte Literatur zusammensuchte[36].

---

[34] Ohne ihren Schwesternausweis wäre sie nicht ins Kriegsgebiet gelassen worden. UB Basel, NL 335, A Ic 2; C II 65, 6 (Brief von Lucy Heyer-Grote an "Huldchen", 7. 11. 1917); D IV 7 (Manuskript über G. R. Heyer).

[35] Zitiert aus: UB Basel, NL 335, D IV 7 (Manuskript über G. R. Heyer).

[36] Ebd.

Nachdem Weltkrieg, im Februar 1919 kam ihr Sohn Anselm Heyer zur Welt und im März 1919 verlobte sich
Heyer-Grotes Schwester Edith Grote mit Andrea[37].

---

[37] Heyer-Grote war ihr Leben lang auf ihren Sohn stolz. Wann
immer ihr Sohn mit einer Reportage im Fernseher kam,
machte sie ihre Freunde darauf aufmerksam. Sie organisierte
auch mit einer Freundin (Frau Dr. Cadient) zusammen, Gele-
genheiten, in Institutionen (oder auch bei Freunden und Verwandten) bei welchen Anselm über seine Reisen und Erfahrungen in anderen Ländern berichten konnte. Unter anderem
hielt er ein Referat über den Untergang des Abendlandes (26.
April 1965) im Völkerkundemuseum, und im Humanitas zwei
Vorträge (1979 einen Dias-Vortrag über die Bevölkerung in
Hunza im Himalaya-Gebiet von Pakistan und am 4. Februar
1980 über das "zeitlose Afghanistan", mit der Darstellung der
beiden Kulturen Buddhismus und Islam). UB Basel, NL 335, A
la 5; A lb 4 (Angaben zum Rückbürgerungsgesuch); A lc 1
("Notizen zu BIOS"); A lc 6 (1965); A lc 8 (Brief von Th. Stur-
berg an das ZDF, 17. 2. 1980); A le: 2 (Agenda von 1924, hier
Eintrag vom 8. 2. 1924); A le 17 (Agenda von 1980, hier Ein-
trag vom 4. 2. 1980); A le 19 (hier Eintrag vom 20. 8. 1982); C
II 64, 13 (Brief von Heyer-Grote an Martha Rohde, 8. 5. 1965).
Grote, Peter: Mail zu Lucy Heyer-Grote, 7. 10. 2018. Humanitas Riehen: Rückblick auf Veranstaltungen im Jahre 1979.
In: Humanitas Autalblättli 1979, S. 20-22, hier S. 21. Grote,
Peter: Interview zu Lucy Heyer-Grotes Leben, 11. 7. 2018. Institute of Germanic and Romance Studies, University of Lon-
don, Friedrich Gundolf papers, V/Letters to Gundolf, H 17
(Brief von Lucy Heyer-Grote an Elisabeth Salomon, 15. 3.
1919).

Abbildung 4
"Lucy m. Anselm, 1919 April", Fotografie, April 1919
(Universitätsbibliothek Basel, NL 335, A Ig)

Mit dem Ende des Krieges verlor ihr Vater Ernst Grote sein ganzes, in Russland und England angelegte Vermögen. Aufgrund seiner finanziellen Misere und der vorherrschenden Inflation sah er sich gezwungen, sein Haus in München zu verkaufen. Dementsprechend konnte auch die kleine dreiköpfige Familie Heyer nicht in Ernst Grotes Haus bleiben und musste in eine eigene Wohnung ziehen. Für ihren Einzug in die neue geräumige Sechs-Zimmer Wohnung im Schloss Nymphenburg brauchten sie aber keine neuen Möbel zu kaufen, sondern konnten die Möbel aus dem Hause ihres Vaters Ernst Grote verwenden. In ihrer "Schlosswohnung" veranstalteten sie hin und wieder kleine nächtliche Feste, bei denen sie und ihr Bruder Werner Grote die Gäste musikalisch unterhielten oder im Schlosspark heimlich baden gingen. Im Anschluss an diese Abende durften ihre Freunde auch bei ihnen übernachten. Später vermieteten sie Zimmer an Heyer-Grotes Bekannte, die in München studierten[38].

---

[38] Ernst Grote zog zu seinem Sohn Fritz Grote nach Locarno. Dort starb er 1920 an innerer Blutung. Im Brief vermutet Werner Grote, dass Lucy und ihre Schwester Edith nicht zum Begräbnis des Vaters kommen werden. Ob sie schliesslich doch an die Beerdigung ging, ist unklar. UB Basel, NL 335, A Ic 4 (Brief von Heyer-Grote); A IIa 8 (Brief von Werner Grote an

Nach dem Krieg zog auch Heyer-Grotes jüngere Schwester Edith Grote bei ihnen in die Wohnung ein, da sie mit dem Kriegsende ihre Stelle als Gärtnerin auf einem Landgut in Ostpreussen verloren hatte. G. R. Heyer bestand darauf, dass die Schwester seiner Frau bei Ihnen einzog. Heyer-Grote schrieb dazu: *„Wo sollte die Arme hin? Mir schien es unmöglich bei unserem sehr eingeschränkten Lebensstil nun noch meine Schwester aufzunehmen. Aber GR bestand darauf. Er meinte, das sei unsere selbstverständliche Pflicht, zumal wir ja Platz hätten. Nun bestand also fortan unser Familienleben nicht aus einem jungen*

Lucy Heyer-Grote, 20. 1. 1920); C I 1 (Zum Leben von Anna Grote, Text zu ihrer Bestattung am 16. 10. 1958); C I 5, 32 (Brief von G. R. Heyer an Lucy Heyer-Grote, 9. 6. 1924); D IV 7 (Manuskript über G. R. Heyer).

Elternpaar mit Kind, sondern aus drei Erwachsenen mit ei-
nem Kind. Und dies ist – psychologisch – eine ganz an-
dere Konstellation, als ich mir vorgestellt hätte[39]."

4. 1. 1 Finanzielle Probleme?

Da ihr Mann als Assistenzarzt selten Zuhause war, dies
belegen mehrere Briefwechsel, kommunizierten die Ehe-
leute hauptsächlich auf postalischem Weg[40]. So geht aus
einem Brief 1923 an ihren Mann hervor, dass sie finanziell
knapp über die Runden kommen. Ihren Schwiegereltern
musste sie versichern, dass Gundolf ihr ihre Hamburg
Reise bezahlt. Danach äusserte sie sich im Brief ihrem
Mann gegenüber scheinbar genervt über die Sparerei in
seinem Elternhaus: „(...) *Man lebt einfacher, d. h. dürftiger*
als im Krieg. Dabei hat Papa 9 Mill. Jahreseinkommen.

---

[39] Später erhielt Edith Grote 1923 einen Job als Sekretärin im
Verlag "Bremer Presse", wohnte aber weiterhin bei den Heyers im Schloss Nymphenburg. UB Basel, NL 335, A IIa 6 (Brief
von Edith Grote an Anna Grote, 24. 11. 1920; 15. 6. 1923, S.
2); C I 4 (Trauerrede zu Edith Grotes Tod). Zitiert aus: UB Basel, NL 335, D IV 7 (Manuskript über G. R. Heyer).
[40] UB Basel, NL 335, C I 5, 2-18 (Briefwechsel zwischen G. R.
Heyer und Heyer-Grote, 1920 bis 1924).

(...)" Weiter schrieb sie ihrem Mann, dass der Schwiegervater Papiere kaufe, damit die Schwiegermutter auch nach seinem Tod abgesichert sei und Geld nach Kassel für "Tante Li" schicke. Sie bat ihren Mann, dass er seinen Vater dazu bringe, diese regelmässige Geldunterhaltszahlung einzustellen[41]. Schliesslich beschwerte sie sich im Brief über seine Unüberlegtheit einen Hund angeschafft zu haben, während sie selber finanziell gerade knapp über die Runden kämen: *„Du kannst noch nicht mal deinen Sohn selber durchbringen, ich habe nicht Geld genug um ein Bad alle Monat zu nehmen – und da bringst du einen Hausgenossen, der Schüsselweise zu fressen haben muss, der so viel Steuern kostet, dass man sich die schönsten Bücher davon kaufen könne (...) ein solcher Hund gehört in keine Etagenwohnung, er braucht seine*

---

[41] Ihre Schwiegereltern waren Carl und Erna (geb. Harnier) Heyer. Der Vater von G. R. Heyer (Carl Heyer) starb am 16. Juli 1935 und wurde am 19. Juli 1935 in Kassel, im kleinen Familienkreis, eingeäschert. Seine Mutter Erna Heyer starb am 10. 03. 1948. UB Basel, NL 335, A le 26 (dunkelblaues Tagebuch, hier Eintrag vom 21. Juli 1935); A lc 1 ("Notizen zu BIOS"); C I 5, 93 (Brief von G. R. Heyer an Verwandte und Freunde, 12. 3. 1948). Zitiert aus: UB Basel, NL 335, C I 5, 10 (Brief von Lucy Heyer-Grote an G. R. Heyer aus Potsdam nach Wien, 8. 4. 1923).

stundenlangen Spaziergänge, wozu also mich kränken und das Tier verderben? (…) Die immer fortdauernden Einschränkungen der Ausgaben für meinen persönlichen Bedarf sind mir oft empfindlich, ich weiss: dir geht es auch so (wenn Du vielleicht auch glücklicher in dieser Beziehung veranlagt bist als ich) (…) Nur noch dies: wenn ich an die Flohsuche im Wohnzimmer denke, so grausts mich![42]" In seinem Antwortbrief rechnete G. R. Heyer ihr vor, wofür er wieviel Geld (während seines Aufenthalts in Wien) ausgegeben hatte und versicherte ihr, nur das billigste Essen bestellt zu haben. Auch wollte er den Stadtrat Brandt kontaktieren, in der Hoffnung, dass ihnen eine Wohnung in der Stadt angeboten wird und sie aus der Wohnung im Schloss Nymphenburg ausziehen können. Er versprach Lucy Grote, dass, wenn sie zurückkehre, der Hund nicht mehr da sein werde. Auch was die Geldangelegenheiten seiner Eltern betraf, gab er seiner Frau recht.

---

[42] Der Hund über dessen Unterhaltungskosten sie sich bei ihrem Mann beschwerte, war ein Terrier Namens Peterl. Ab und zu liess sie den Hund auf ihren Sohn Anselm im Kinderwagen aufpassen, wenn dieser sich alleine hinten im kleinen Gartenbereich befand. UB Basel, NL 335, A Ic 4 (Brief von Heyer-Grote). Zitiert aus: UB Basel, NL 335, C I 5, 10.

Sie sollte in seinem Namen mit seinem Vater über den Papierkauf und die Anlagen für die Mama sprechen. Der Gedanke, keinerlei finanzielle Unterstützung von seinen Eltern zu erhalten, während diese hingegen andere in Kassel unterstützten, gefiel auch ihm nicht[43]. Auch aus dem Brief von Edith Grote an Anna Grote geht hervor, dass die Familie Heyer-Grote finanzielle Schwierigkeiten hatten. *„liebes, liebes Annchen (…) Dir zu danken für deine liebe Gabe. Wir beiden Jüngeren, Werner und ich, überantworten sogleich Lucy das ganze Geld für den Haushalt. So oft ein Zuschuss bitter nottut. Gustav Richard ist ja in seiner Assistentenstelle sehr schlecht gestellt, noch dazu da der Chef der Klinik sich absolut nicht für seinen jungen Assistenten wehrt und kümmert, sodass sie oft ihre Nachzahlungen erst erhalten, wenn das Geld stark entwertet ist!*[44]" Einen Monat später bedankte sich auch Heyer-Grote für

---

[43] Wenngleich das Wohnen im Schloss Nymphenburg nach Luxus klingt, wünschten die Heyers in die Stadt ziehen zu können, da sie die Wasserleitung auf dem Gang mit anderen Nachbarn teilten und jeden Tag eine längere Wegstrecke zurücklegen mussten, um Lebensmittel zu holen. UB Basel, NL 335, A Ic 4 (Brief von Heyer-Grote); C I 5, 11 (Antwortbrief von G. R. Heyer an Lucy Heyer-Grote, undatiert).
[44] Zitiert aus: UB Basel, NL 335, A IIa 6, (Brief von Edith Grote, 15. 6. 1923, S. 2).

das zugesandte Geld. „(...) *und die 5 Franken, die mir mo-mentan sehr willkommen sind, da kein Mensch mit den ra-piden Geldentwertungen mitkommen kann. Denk Dir: Du hast mir in Deutschem Geld eine halbe Million geschickt! Freilich kostet das Pfund Brot 10.000 M, Butter 120.000! (...)*[45]." Heyer-Grote selbst arbeitete zwei Mal pro Woche im Landerziehungsheim in Burtenbach. Aufgrund der Teu-erung und Verschlechterung der Zugverbindungen dort-hin, beschloss sie aber nach Weihnachten 1923, mit der Arbeit dort aufzuhören. Mit der Zeit waren die Trambahnen (aufgrund der Inflation) nicht mehr bezahlbar. Dement-sprechend war Heyer-Grote sehr froh, dass die ganze Fa-milie Fahrräder besass und nicht auf öffentliche Verkehrs-mittel angewiesen waren. Sie selbst fuhr mit dem Fahrrad aufs Land, um bei den Bauern direkt und sogar günstiger als in der Stadt einzukaufen[46]. Obwohl die Familie sparen musste, schlug Heyer-Grote den liebevollen Vorschlag ih-rer Schwester Anna Grote, den kleinen Anselm zu ihr in

---

[45] Zitiert aus: UB Basel, NL 335, C I 1 (Brief von Lucy Heyer-Grote an Anna Grote, 31. 7. 1923).
[46] UB Basel, NL 335, C I 1 (Brief von Lucy Heyer-Grote an Anna Grote, 8. 10. 1923 und 17. 11. 1923).

die Schweiz in die Ferien zu schicken aus, mit der Begründung: *„Dass du Butzi gerne mal in die Schweiz nähmest, ist furchtbar lieb von Dir, du über alles gute Anneli. Dir würd ich ihn auch gern anvertrauen. Aber gewiss haben viele Kinder ein Aufpäppeln und Sattessen nötiger als er, denn er leidet wirklich keinen Mangel. Leider lässt sein Appetit zu wünschen übrig. (...)*[47]„ Wenngleich die Familie finanzielle Probleme hatte, konnte sie sich dennoch ein Dienstmädchen leisten. So beschäftigte sie durch die Jahre hindurch diverse Dienstmädchen für ihren Sohn Anselm, bis er schliesslich 1928 in das erste Internat kam[48].

---

[47] Zitiert aus: UB Basel, NL 335, C I 1 (Brief von Lucy Heyer-Grote, 17. 11. 1923).

[48] Mit fast allen Dienstmädchen war Heyer-Grote nicht zufrieden. Ob es immer die gleichen Gründe waren, ist unklar. So schrieb Edith Grote an ihre Schwester Anna Grote über das Mädchen "Lina", welche nur noch Männer im Kopf habe und nichts mehr arbeite. Um 1923 übernahm eine ältere Frau namens Mathilde die Tätigkeit als Dienstmädchen. Mit ihr waren die Heyers sehr zufrieden. So schrieb Heyer-Grote an ihre Schwester Anna Grote beispielsweise, dass sie (Heyer-Grote) sich selber um die Einkäufe kümmere, da Mathilde zum einen zu alt sei und zum anderen sich nicht mehr an die Geldverhältnisse gewöhnen könne. Als sie von ihrer Wohnung im Schloss in die Wohnung am englischen Garten zogen, zog ihr Hausmädchen Mathilde zu ihren Verwandten in Pasing. Drei Jahre

Was den Wohnungswechsel betraf, wandten sie sich über mehrere Monate immer wieder an den Stadtrat mit ihrer Bitte für eine neue Wohnung. Schliesslich zog die kleine Familie Heyer (Lucy, Gustav Richard, Anselm und Lucys Schwester Edith Grote) Ende Juni/ Anfang Juli 1924 von der Wohnung in Nymphenburg in eine Parterre Wohnung am englischen Garten (in der Stadt München)[49].

4. 1. 2 Affären

Wenngleich die kleine Familie nach aussen heil wirkte, hing bei Heyer-Grote und ihrem Manne der Haussegen schief. Zum einen hatte sie mit ihrem Manne immer wieder Auseinandersetzungen, welche ihre Arbeit betraf, zum anderen hatte ihr Mann immer wieder Affären mit anderen

---

später besuchte ihr Sohn Anselm (von 1928 bis 1934) die Internate Schloss Salem und Schule Birklehof. UB Basel, NL 335, A Ic 4 (Brief von Heyer-Grote); A IIa 6 (Brief von Edith Grote, 24. 11. 1920); C I 1 (Brief von Lucy Heyer-Grote, 8. 10. 1923); D I. 8 (Biografische Angaben über Anselm Heyer).
[49] Aus ihren Notizen geht hervor, dass sie diese sechs-Zimmerwohnung am englischen Garten mit einem kinderlosen, jüdischen Ehepaar teilen mussten. Ihr Mann richtete seine Praxis in der Wohnung ein und Lucy benutzte einen Eckraum als Arbeitsraum für ihre Kurse. UB Basel, NL 335, A Ic 4 (Notizen zu 1924, S. 17a); C I 1 (Brief von Lucy Heyer-Grote an Anna Grote und Sohn Anselm, 20. 7. 1924).

Frauen (s. S. 21). So hatten sie beispielsweise am 11. September 1927 Streit, da Lucy Heyer-Grote den Gymnastikkurs nicht abgesagt hatte[50]. Viele Jahre litt Heyer-Grote unter den Umständen ihrer Beziehung. So schrieb sie beispielsweise am Silvester 1924 in ihre Agenda: *„Erfolgloser Versuch einer Aussprache mit G. stark Erinnerungen an die unglücklichen Tage in Htz. Vor einem Jahr: wie viele Hoffnung wurde mir da vor Auge gestellt, von der m langen Jahre nichts in Erfüllung gegangen ist. Diesmal mach ich mir keine Hoffn. Mehr, (…) erwarte das Schlimmste, bin dem Schlimmsten gewappnet ja: was ich erwarte ist nicht mehr das Schlimmste für mich, es bedeutet vielmehr die Freiheit meine tiefste heftigste Sehnsucht. Und so beginn doch auch dies Jahr wieder mit dem Hoffen!*[51]"

Auf seinen Arbeitsreisen schickte G. R. Heyer seiner Frau

---

[50] UB Basel, NL 335, A le: 3 (Agenda von 1927, hier Eintrag am 11. 9. 1927).
[51] Zitiert aus: UB Basel, NL 335, A le: 2 (hier Eintrag vom Silvester 1924).

immer wieder Geld und schrieb ihr, wie sehr er sie vermisse und er die gemeinsame Zeit herbeisehne[52].

Schliesslich antwortete sie ihrem Manne, vor allem auf seinen Brief vom Pfingstmontag 1924 (NL 335: C I 5, 32) eingehend, von ihren Gefühlen und ihre Vermutungen über seine Annäherungsversuche gegenüber ihrer Schwester Edith Grote. „(...) *Alles Bittere, das mich brannte bei Euch in Nymphenburg versank da ich hier allein mir überlassen war. (...) Nun ist meine Zeit hier schon über die Hälfte abgelaufen – und die Gefühle, die Probleme mit denen ich doch nicht fertig werden konnte, die ich aber töricht glaubte abgetan zu haben mit meiner blossen Abreise, die überfallen mich jetzt wieder mit hundert Ängsten. Ja ich bin der Vorstellung jener Nymphenburger Zustände so wenig noch gewachsen, dass ich jedes Mal fassungslos in Tränen bin, wenn ich deinen Brief von Pfingstmonat zu überlesen versuche. Gewiss: ich galt und gelte dir vor allen jenen, die du nennst als die Freunde und Gefährten vergangener Jahre (...) Aber den Namen nennst du nicht,*

---

[52] UB Basel, NL 335, C I 5, 19 (Brief von G. R. Heyer an Lucy Heyer-Grote, 19. 4. (ohne Jahresangabe, vermutlich 1923 oder 1924)); C I 5, 31 (Brief von G. R. Heyer an Lucy Heyer-Grote, 30. 5. 1924); C I 5, 32.

der deinen Satz zur Lüge machen müsste. (…) dass ich dir einzig war und unersetzlich, bis Edith meine Krone übernahm. Sie bedeutet Dir mehr und Anderes als alle die je dein Herz erschüttert haben ausser mir. (…) Seit du Edith liebst, hab ich, hat unsre Zusammengehörigkeit immer nur verloren. (…) Deine Neigung zu mir (im buchstäblichen Sinn) wandte sich rückte ab; während ich noch von dir, von unsrer Liebe, (…) nicht lassen wollte, (…) Sage nicht, Du hättest es gewusst. Wäre das wirklich, so müsstest du ein Herz von Stein haben gegen mich. (…) Du hättest mir viele Qualen ersparen können durch einige äussere Rücksicht: so die Erfüllung meiner mehrfachen Bitte mich von dir gehen zu lassen[53]."

Sie bat ihren Mann, ihr keine Geschenke mehr zu bringen, die *„mit Ediths Geschenken in einer Reihe stehen"* und ihr mehr Freiraum zu lassen. Sie wollte auch nicht mehr mit ihm zusammen an gesellschaftliche Veranstaltungen. Heyer-Grote hoffte, dass nun ein gemeinsames Leben (Edith Grote miteingeschlossen) einfacher würde[54]. Am

---

[53] Zitiert aus: UB Basel, NL 335, C I 5, 36 (Brief von Lucy Heyer-Grote an ihren Mann G. R. Heyer, 12. 6. 1924).
[54] Zitiert aus: Ebd.

18. 6. 1924 antwortete er seiner Frau, dass Edith Grote in kühler Distanz zu ihm gerückt sei und dass er, wann immer sie ihn vor die Auswahl zwischen ihnen beiden stellte, aus Egoismus nicht wüsste, wie er sich entscheiden sollte. *„Wenn mir E. wenig bedeutete oder Du, dann wärs einfach gewesen. (…) Ich bin ein Mensch, der 2 Länder hat, darinnen er wohnt. Und der weiss, dass er in jedem nur einen Teil des Jahres leben kann. (…) das eine Land, das Heimatland all dessen ist, was ich würde. (…) In dem anderen Land aber alles genau umgekehrt (…) stets Verführung, Zauberduft des Verbotenen (…) Kann ich Dir verdeutlichen, was die Forderung nach einer Entscheidung bedeutete jedesmal? (…) (E. (…) kann ja eben grad nur in dieser "illegalen", gespannten, verführenden Rolle leben. Und trieb jedesmal von mir fort, wenn ich von dir zu ihr überneigte.) – Dass du gelitten hast, unsäglich, geliebtes Wesen, das weiss ich doch mehr als Du meinst. Aber nicht als "Herz von Stein". (…) Ich litt dein leid, ich litt unser leid (…) Ich wusste Dein Erleben. Und wusste, dass ich die Pflicht hatte, es dir zu ersparen. Aber ich war nicht imstande dazu. Dich meiden brachte (und bringe…) ich einfach nicht fertig. (…) Unsere heilige einzige Liebe hatte ich*

ja schon vernichtet. Der grosse entscheidende Schritt – von dieser Liebe aus gesehen: der Frevel – war ja geschehen, war Fakt geworden (…) Es war schon ein Durchbruch von 1911-1918, dass ich andere Göttinnen hatte neben Lux. (…)[55]." Mit diesem Brief hatte Heyer-Grote die Gewissheit, dass ihre Vermutungen nicht nur Vermutungen waren. Ihr Mann interessierte sich für ihre Schwester Edith Grote. Ob sie von den vorherigen Liebschaften ihres Mannes bereits wusste, oder mit diesem Brief erst davon erfuhr, ist unklar. Er willigte ein, das gemeinsame Leben mehr nach ihren (Heyer-Grotes) Wünschen zu gestalten[56]. Im selben Jahr 1924 lernten sie über Edgar Salin den Russen Rudolf von Scholtz kennen. Zu Rudolf von Scholtz notierte Heyer-Grote: *„Dieser Balte, ein Altersgenosse von uns, sollte in unserer Familie eine schicksalshafte Rolle*

---

[55] Zitiert aus: UB Basel, NL 335: C I 5, 37 (Brief von G. R. Heyer an Lucy Heyer-Grote, 18. 6. 1924).

[56] Dass er bereits vorher schon Frauen neben ihr, Heyer-Grote, hatte, gab er im Brief zu. Seine briefliche Aussprache mit seiner Frau hielt ihn aber nicht davon ab mit einer verheirateten Frau (Friederike von Scholtz) und einer Katja Bügler (1927) eine Affäre zu beginnen. UB Basel, NL 335, A le 1 (Auszüge aus ihrem Kalender, Eintrag vom 7. 8. 1927); C I 5, 37.

spielen[57]." Dies ist wohl die Anspielung auf die spätere Affäre ihres Mannes G.R. Heyer mit der Frau von Scholtz Friederike (geb. Friederike Zobel) genannt Zoe. Am 9. September 1924 kam von Scholtz Tochter Viviane zur Welt[58]. 1931 war die Beziehung zwischen Heyer-Grote und ihrem Mann am Tiefpunkt angelangt: Rudolf von Scholtz liess sich 1930/1931 von seiner Frau scheiden, nachdem er herausgefunden hatte, dass sie und G.R. Heyer eine Affäre hatten. Kurze Zeit darauf zog Zoe bei G. R. Heyer und Heyer-Grote samt Kind ein. G.R. Heyer wollte vorerst seinen Eltern aber weder von der Scheidung der von Scholtz, noch von der Trennungsabsicht Heyer-Grotes erzählen. Auf der Suche nach einem Ausweg vertraute Heyer-Grote sich verschiedenen Menschen an. So fragte "Kietzula" Heyer-Grote, ob sie sich nun entschieden habe, wo sie wohnen wolle. Also ob sie nun versuche mit ihrem Mann und Zoe in derselben Wohnung zu leben oder

---

[57] Rudolf von Scholtz und seine Frau "Zoe" bewohnten ein Siedlerhäuschen und betrieben Schafzucht. Zwischen den beiden Pärchen, Heyer und von Scholtz, existierte eine gute Freundschaft. So besuchten die Heyers immer wieder die von Scholtz, um mit ihnen Ausflüge zu machen. Zitiert aus: UB Basel, NL 335, A Ic 4 (Notizen zu 1924, S. 22).
[58] UB Basel, NL 335, A Ie 1.

noch eine Wohngelegenheit suche. Tom Wolff schrieb am 11. August 1931 an Heyer-Grote: „(…) ist doch sehr gut zu wissen, woran sie sind und was für die endgültige Heilung notwendig ist. (…) Die finanzielle Schwierigkeit ist wieder eine Realität, die nicht nur berücksichtigt werden muss, sondern unter Umständen die Wahl entscheidet. (…) mir scheint man könne nur eine Compromisslösung finden, bei der alle Beteiligten etwas bekommen und auch etwas opfern müssen. (…)" Und ihr Bruder äusserte sich in einem Brief folgendermassen: „Wenn Gust. Richard den Weg zu dir nicht mehr zurückfindet, so ist es wohl zu beklagen, aber ich glaube kaum, dass du ihn dazu zwingen könntest, somit ist es vielleicht auch für deinen Mann besser, du lässt ihn gehen.[59]"

Heyer-Grote entschied sich, nicht mehr bei ihrem Mann und der Geliebten in derselben Wohnung zu leben. So schrieb sie am 15. August 1931 an ihren Mann: „Für länger

---

[59] Der Brief könnte von Edith Grote sein. UB Basel, NL 335, C I 4, 21 (Brief von "Kietzula" an Lucy Heyer-Grote, 7. 8. 1931); C I 5, 41 (Brief von G. R. Heyer an Lucy Heyer-Grote, "Frühjahr" 1931). Zitiert aus: UB Basel, NL 335, C I 2, 14 (Brief von Fritz Grote an Lucy Heyer-Grote, 5. 4. 1931); C II 80, 1 (Brief von Tom Wolff an Lucy Heyer, 11. 8. 1931).

in die Kaulbacherstrasse zu kommen, davor habe ich einen grossen Widerwillen. Nicht an sich, sondern innerhalb der jetzigen Konstellation. (...) Zoe ist nicht nur deine Freundin, sie ist deine Frau (de facto); sie besitzt und verwaltet deine und meine Sachen; sie bestimmt über dein Geld und über deine Zeit. Kurz sie nimmt nicht nur erotisch, sondern auch "personenmässig" den Platz ein, auf den mich die Welt erwartet zu sehen. Ich bin sozusagen Zimmerfräulein in meinem eigenen Haus. (Dies alles auf der Ebene der gesellschaftlichen Ordnung gemeint). Natürlich ist auch Zoes Stellung und ihre Verbindung mit Dir eine Realität, und ich kann nicht verlangen, dass nun alles auf einmal geändert würde. (...) Für mich wäre es sehr schön, mit Dir in einer Hausgemeinschaft zu leben, aber nur als wirkliche Gefährtin, auch von Dir als solche anerkannt. Ich glaube, dass das eine ganz natürliche Forderung ist, natürlich im psychologischen wie im historischen oder besser biografischen Sinn. Ist Dir das unmöglich (...), so müssen wir eine Möglichkeit finden für mich, anders, woanders zu leben.[60] Daraufhin fragte G. R. Heyer seine

---

[60] Zitiert aus: UB Basel, NL 335, C I 5, 44 (Brief von Heyer-Grote an G.R. Heyer, 15. 8. 1931).

Frau, ob es nicht eine Möglichkeit, ein Arrangement gebe, mit der auch sie zufrieden wäre. Dies sei auch zu überlegen, da vielleicht nicht immer genug Geld vorhanden sei, um ihr Geld für eine Wohnung anderswo zu geben. Er sehe sie noch als seinen einzigen Freund aus den frühen Jahren, seitdem auch Rudolf von Scholtz seine eigenen Wege gehe. Zoe, so glaube er, habe keine Einwände gegen diese Verknüpfungen[61]. Ob sie nach seinem Brief doch wieder bei ihm und seiner Geliebten einzog, ist unklar. Sicher ist, dass Heyer-Grote Ende August 1933 mit ihrer Schwester Edith Grote in die Königinstrasse (München) zog[62].

Ende 1933, Anfang 1934 liessen sich G. R. Heyer und Heyer-Grote scheiden[63]. Im Scheidungsgericht sagten beide aus, dass sie beide (Heyer-Grote und Heyer) erst

---

[61] Obwohl sie sich in der Nähe der beiden nicht wohl fühlte, unternahmen sie (Gustav, Zoe und Lucy) am 1. Mai 1932 zusammen einen Ausflug nach Bergried, von wo aus Gustav und Zoe schliesslich weiterfuhren. UB Basel, NL 335, A Ic 1 ("Notizen zu BIOS"); A Ie 26 (Eintrag vom 1. 5. 1932); C I 5, 47 (Brief von G.R. Heyer an Heyer-Grote, 17. 8. 1931).

[62] UB Basel, NL 335, A Ic 1 ("Notizen zu BIOS").

[63] UB Basel, NL 335, A Ib 4 (Angaben zum Rückbürgerungsgesuch); A Ic 1 ("Notizen zu BIOS"); A Ib 2 (Scheidungsdokumente).

seit September 1933 getrennt leben würden. Weiter gab Heyer-Grote an, dass sie bereits vorher vermutet habe, dass G. R. Heyer ausserhalb der Ehe Beziehungen unterhielt und sich diese Vermutung schliesslich im August 1933 bestätigte, als er mit einer anderen Frau 14 Tage in Ascona verweilte und mit ihr Zärtlichkeiten austauschte. Als Beweis legte sie dem Gericht einen Brief der Geliebten ihres Mannes vor, den sie angeblich gefunden hatte[64]. Aus Heyer-Grotes Unterlagen geht hervor, dass sie bereits 1930/31 von G. R. Heyers Fremdgehen wusste und dass Zoe bereits in demselben Jahre bei ihnen eingezogen war. Heyer-Grote selbst wollte sich eigentlich gar nicht von ihrem Manne scheiden lassen. So erinnert sie sich in einem Brief an Lockot (5. September 1980): *„Von mir aus wäre die Trennung nicht nötig gewesen, wenn seine 2. Frau nicht unerbittlich auf Ehe gedrängt hätte."* Ob Zoe den Brief extra verfasst hat, damit dem Gericht ein Beweis vorliegt und die Scheidung erfolgt, oder ob Heyer-Grote diesen Brief fand, bevor Zoe bei ihnen einzog, ist ebenfalls

---

[64] Der Hinweis auf diesen Brief sind in ihren Scheidungsunterlagen zu finden. Der Brief selbst ist im Nachlass von Heyer-Grote nicht vorhanden. UB Basel, NL 335, A Ib 2.

unklar. Das Gericht entschied, dass Heyer-Grote das Wei-terführen der Ehe mit G. R. Heyer nicht zugemutet werden könne. Die Scheidung wurde am 16. Januar 1934 vollzo-gen[65].

Nach der Scheidung hatten die beiden weiterhin Kontakt und unterhielten sich wie zuvor über ihre Forschungen und Ansichten der Psychoanalyse, wie auch Atem- und Bewe-gungstherapie[66]. Nach ihrer Trennung von ihrem Manne, scheint sie nie wieder einem Manne näher gekommen zu sein. Wie viele Verehrer sie durch die Jahre hindurch hatte, ist unklar. Einer ihrer Verehrer, F. K., den sie seit Riga kannte, schrieb ihr später noch in Briefen (1961 und 1972) über seine frühen Gefühle zu ihr. 1961 schrieb er: *„Pfingsten 1926, vor 35 Jahren also waren wir auch auf*

---

[65] UB Basel, NL 335, A Ib 2. Zitiert aus: Brief von Heyer-Grote an R. Lockot, 5. 9. 1980, Kopie von Dr. R. Lockot bereitgestellt am 11. 11. 2018, S. 3.
[66] In einem Brief kritisierte sie seine Haltung gegenüber Ärzten während eines gehaltenen Vortrags über die Psychotherapie, und machte ihm auch Verbesserungsvorschläge für seine Ma-nuskripte. UB Basel, NL 335, C I 5, 72 (Brief von Heyer-Grote an G. R. Heyer, 19. 6. 1940); C I 5, 97 (Brief von Heyer-Grote an G. R. Heyer, 12. 4. 1954); C I 5, 123 (Brief von Heyer-Grote an G. R. Heyer, 13. 12. 1966).

unserer Reise Bamberg-Baur-Vierzehnheiligen-Pom-mersfelden-Ebrach-Würzburg. Es war eine der glücklichs-ten Wochen meines Lebens und sie ist mir mit vielen kleinsten Einzelheiten in der lebendigsten Erinnerung. Um wieviel älter und klüger (was letzteres Du warst!) kamst Du mir vor – und noch nicht ganz 35! Wie schön du warst, Deine Haare, Dein durchseeltes Gesicht, Deine Hände, Arme, Kniee, die Tiefe der Flanken. Gerade die Hälfte Dei-nes bisherigen Lebens. (...)[67]" und elf Jahre später 1972 *„Ich kömme öfter an "Euer" Haus Galileiplatz 1, weil an dessen Zaun in der Innstrasse der Spatleerungskasten ist. Immer denke ich daran, dass ich Dich dort zum ersten mal in Deutschland sah, zum ersten mal auch seit Ihr von Riga weggegangen ward. November 1918, am Ende des Mo-nats. Du warst für damals sehr modern angezogen, am meisten von allen, was ich in unseren Kreisen gesehen hatte. Aber Du warst mir gleich genauso bekannt wie in Riga. Und meine Gefühle blieben sich gleich. (...)*[68]. "

---

[67] UB Basel, NL 335, C II 50, 2 (Brief von F. K. an Heyer-Grote, 21. 5. 1961).
[68] Zitiert aus: UB Basel, NL 335, C II 50, 12 (Brief von F. K. an Heyer-Grote, 20. 11. 1972).

4. 2 Ihre Arbeit

Nach Heyer-Grote, wurde ihr Interesse für Psychologie erstmals während dem ersten Weltkrieg geweckt. Bereits zu Beginn des Krieges äusserte sie gegenüber Dr. Hans W. Gruhle den Wunsch, sich eine kriegsnützliche Beschäftigung zu suchen. Daraufhin bat er sie, zu ihm in die psychiatrische Universitätsklinik (Heidelberg) zu kommen, da mit der Einberufung der Männer auch alle Pfleger und Wärter einberufen worden waren und er Hilfe im Pflegedienst gebrauchen konnte. Lucy Grote nahm dieses Angebot an und war ab 1914, zusammen mit einer Freundin, als Pflegerin in der Klinik tätig. Dort kam sie erstmals, durch Teilnahme an Behandlungen und Vorlesungen, mit der Psychologie in Kontakt[69]. Im selben Jahr (1914) liess sie sich vom Deutschen Roten Kreuz zur Krankenschwester ausbilden und arbeitete (1914/1915) mit ihrer Freundin Gertrude Lederer-Eckart (auch Trübel genannt), im Lazarett in Landau. Während Lederer-Eckart viel im Operationssaal half, kümmerte sich Lucy Grote vor allem im Saal

---

[69] An diese Begegnung erinnerte sie sich 1985 zurück. UB Basel, NL 335, A le 29 (Eintrag vom Februar 1985). Dietrich 1995, S. 30.

um die Verwundeten. Dazu schrieb Grote in einem Brief an "Huldchen" (richtiger Name nicht bekannt): *„Der schlimmste Teil meiner hiesigen Tätigkeit: die Nachtwache – (bedenke: im ganzen Haus allein mit all den Verwundeten, die Verantwortung habend, in dem Gestöhne, mit (...) so viel Todeskandidaten – entsetzlich!)Dass wir hier viel zu tun haben, hat Dir Trübel schon auseinandergesetzt. Es ist schon mehr als in der Psychiatrie. (...)*[70]"

Als sich Heyer-Grote zwischen 1916 und 1918 in Gymnastik, Musikpädagogik und Massage ausbilden liess, gab es bereits andere Frauen aus gutbürgerlichen Familien, die sich mit Atem, Bewegung und Gymnastik befassten. Nach Steinaecker 2000 fühlten sie sich meist aufgrund eigener Krankheit zu Atem- und Leibpädagoginnen berufen. Auch Heyer-Grote stammte, wie zu Beginn bereits thematisiert,

---

[70] Gertrude Lederer-Eckhardt und Lucy Heyer-Grote kannten sich aus ihrer Internatszeit in Karlsruhe. UB Basel, NL 335, A la 1 (Lebenslauf); A la 5; A lb 3 (Gesuch für Wiederimmatrikulation an der Universität München, Mai 1944); C II 21, 8 (Brief von Wolfgang von Eckhardt an Heyer-Grote, 27. 2. 1985); C II 54, 5 (Brief von Gertrude Lederer-Eckart an Heyer-Grote, 20. 1. 1947); C II 65, 2 (Brief von Trübel und Lucy Grote an "Huldchen", 17. 9. 1914, S. 1, Vorder- und Rückseite u. S. 2, Vorderseite). Dietrich 1995, S. 30. Zitiert aus: UB Basel, NL 335, C II 65, 2 (S. 2, Vorderseite).

aus gutbürgerlicher Familie. Doch bei ihr war es keine eigene Krankheit, welche sie dazu bewog, Atem- und Bewegungstherapeutin zu werden[71].

1922 übernahm Heyer-Grote die Leitung einer Rhythmik-Schule in München. Für sie war der Tanz eine Kunst und die tänzerische Gymnastik war für ein körpereigenes Bewusstsein essentiell. Wenngleich das Tanzen für Laientänzer Erholung, Entspannung, Spiel und Feier zugleich sein sollte, sollten diese Tänzer dennoch durch "einen Künstler" geführt werden. *„Wir Künstler selbst werden für unsere Mühe den schönsten Lohn haben, denn so ziehen wir uns die Gemeinde von Zuschauern und Mittänzern*

---

[71] Ihre Tanzausbildung hatte sie bei Mary Wigmann. Elsa Gindler unterrichtete Heyer-Grote in Gymnastik. Bei wem sie sich in Massage ausbilden liess, ist unklar. Ihre Gesangslehrerin Sophie Müller kannte sie bereits 1917. Sophie Müller war auch an Heyer-Grotes Hochzeit 1917 anwesend. UB Basel, NL 335, A la 1 (Lebenslauf); A la 3; A la 5; A le: 1a; A llb 1 (Rückseite ihres Bildes "Hochzeitsessen"); B1 (1955-1970, Manuskript zur Einleitung von Heyer-Grotes "Atemschulung als psychotherapeutisches Element", S.1-17, hier S. 17); D VII 4 (Brief von Heyer-Grote, 22. 4. 1954). Heyer-Grote, Lucy (Hrsg.): Atemschulung als Element der Psychotherapie, Darmstadt 1970. In Reihe: Wege der Forschung, Band LXV., S. 17. Von Steinaecker 2000, S. 11 (2. Spalte), 12 (1. Spalte), 61 (1. Spalte). Mayland, Elaine L.: Rosen-Methode Körperarbeit, Bühl/Baden 2010, S. 19.

heran, die wir uns wünschen..." Immer wieder veranstaltete sie mit ihrer Tanzschule Tanzabende[72].

---

[72] Solche Tanzabende fanden bspw. am 29. März 1924 und 10. Juli 1925 (in München) statt. Am 29. März zeigte sie in Gruppen- und Solotänze vier Bewegungsstudien im Stadttheater Günzburg. Musikalisch wurden sie von E. Grill am Klavier und Heyer-Grotes Bruder, Werner Grote an der Violine mit Werken von Brahms, Schuman, Chopin und Rameau begleitet. UB Basel, NL 335, A Ia 5; A IIb 2. Dietrich 1995, S. 30. Zitiert aus: UB Basel, NL 335, B1 (1929-1952, Heyer, Lucy: Über Laienbildung und Laientanz. In: der bewegte Mensch, Monatszeitschrift für Tanz, Gymnastik, Körperbildung und Sport, Nr. 1, Nov. 1929, S. 3-5).

Abbildung 5
Lucy Heyer-Grote, Postkarte, ca. 1920er Jahre
(Universitätsbibliothek Basel, NL 335, A Ig)

4. 2. 1 Ihre Atemtherapie

Bereits im 19. Jahrhundert wurde Atemgymnastik gegen Tbc und Deformationen entwickelt[73]. Neben Heyer-Grote befassten sich auch Klara Fenichel (Ehefrau des Psychoanalytikers Otto Fenichel) und Elsa Lindenberg (Wilhelm Reichs Lebenspartnerin) mit Atem- und Körpertherapie[74]. Nach Heyer-Grote war eine Begegnung mit einem ihr unbekannten Maler entscheidend für ihr Interesse an der Atemtherapie. Der Maler hatte angeblich seinen Armbruch und seine Rippenquetschung durch Unfall ohne Gips und durch seine eigene Atmung geheilt[75].

Beeinflusst von Schlaffhorsts Idee, dass die Atmung die Seele beeinflussen kann und der Mensch am besten vom Musikalischen her, erreicht werden könne, befasste sich Heyer-Grote mit der Schlaffhost-Andersen Methode. So

---

[73] Die reichen Tbc-Kranken gingen in den Bergen kuren, während für die armen Tbc-Kranken verschiedene Atem- und Bewegungstherapien entwickelt wurden, mit der Idee, die maximale Ausnutzung der Lungenkapazität zu erlangen. Von Steinaecker 2000, S. 38 (1. Spalte), 40 (1. Spalte), 44 (2. Spalte).
[74] Dietrich 1995, S. 14.
[75] UB Basel, NL 335, A Ic 1 ("Daten zu meinem Leben", Eintrag vom 12. 5. 1984).

erstaunt es nicht, dass fast alles was sie die Jahre hindurch über Atemtherapie zu vermitteln versuchte, sich stark an Schlaffhorst und Andersen anlehnt. Ihre Atemtherapie entwickelte sie nach der Schlaffhorst-Andersen Methode[76]. Heyer-Grote verband die Seele mit dem Unbewussten. Beides könne durch die Atmung beeinflusst werden, gerade da die Atmung unbewusst abläuft, aber auch

---

[76] Clara Schlaffhorst (*16. 10. 1863-†1945) musste aufgrund von Problemen mit ihrer Stimme ihren Traum als Karriere-Sängerin aufgeben. So begannen Schlaffhorst und ihre Freundin, die Pianistin Hedwig Andersen (*9. 6. 1866) sich mit der Atmung zu beschäftigen, lasen dazu Leo Koflers "The Art of Breathing", probierten dessen Atemtechniken an sich selber aus und verbesserten diese zudem. Dabei stellten sie fest, dass, das Atmen auch die Seele beeinflusst. Im Juli 1926 veranstalteten die beiden die "Rotenburger Woche", bei welcher sie der Öffentlichkeit Einblicke in ihre Arbeit gewährten. Dazu kamen etwa 200 Teilnehmer, auch aus dem Ausland. Die von den beiden (Schlaffhorst und Andersen) entwickelten Methoden wurden auch an diversen Gymnastikschulen vertreten. Engert-Timmermann, Gabriele: Atem und Stimme – Spiegel des Innern. In: Kraus, Werner (Hrsg.): Die Heilkraft der Musik, Einführung in die Musiktherapie, München 1998, S. 78-89, hier S. 80. Dietrich 1995, S. 22-23. Heyer-Grote 1970, S. 10-12, 16. Köpp, Gisela: Leben mit Stimme-Stimme mit Leben. Die Atem- und Stimmkunst der Clara Schlaffhorst und Hedwig Andersen, Kassel 1995, S. 14-15, 17, 20, 32, 53, 59, 66, 70, 151. Dietrich 1995, S. 23.

bewusst steuerbar ist[77]. Die Atemtherapie hilft, nach Heyer-Grote, somit bei sämtlichen Organneurosen, Menstruationsstörungen, Angstneurosen, klimakterischen Depressionen und bei allen möglichen Hemmungen in Lebenskrisen[78]. Auch der Fokus auf das Zwerchfell und die Betonung des dreiteiligen Atemrhythmus stammen von Schlaffhorst und Andersen[79]. Nach Heyer-Grote werden von der Zwerchfellbewegung auch (direkt oder indirekt) Leber, Galle, Milz, Magen und Speiseröhre, sowie Unterleibsorgane und der Blutkreislauf beeinflusst. Sei aber die (Zwerchfell-)Atmung verkümmert, führe dies zu Organstörungen[80]. Das eigene Körpergefühl wahrzunehmen ist

---

[77] UB Basel, NL 335, B1 (1955-1970, Bewegungs- und Atemtherapien, S. 300); B4, (Manuskript über Atemtherapie, für einen in Stuttgart gehaltenen Vortrag am 26. 4. 1941, 21 Seiten, hier S. 7).
[78] UB Basel, NL 335, B4 (S. 20-21).
[79] Schlaffhorst und Andersen prägten den Begriff vom dreiteiligen Atemrhythmus: Einatmung – Ausatmung – Pause. Dietrich 1995, S. 23. Köpp 1995, S. 60, 118, 125, 147-148, 158, 160-161. UB Basel, NL 335, B1 (1953-1954, Heyer-Lucy: Atemtherapie. In: Vorträge der 4. Lindauer Psychotherapiewoche 1953, Stuttgart, S. 50-61, hier S. 52).
[80] UB Basel, NL 335, B4 (S. 5, 7).

wichtig und Körperfremdheit sei vor allem bei stark intellektuellen Menschen zu finden[81]. Ihrer Meinung nach, haben die meisten Intellektuellen die Zwerchfellatmung verlernt und seien aufgrund dessen mehr von der vegetativen Natur entfernt[82]. Mit der Atemtherapie, welche beim Ausatmen beginnen muss, könne der natürliche Atemrhythmus wiedererlangt werden. Nur die Ausatmung sei der aktive Part in der Therapie[83]. Weiter schrieb sie zur Atmung: *„Atemtherapie: (...) Sie ist von aussen hergesehen, eine Ruhetherapie. Nach innen allerdings fordert und konstelliert sie eine gewisse Konzentration. Die "äussere" Atmung, die vorwiegend aktiv mit der Atemhilfsmuskulatur geleistet wird, soll abgestellt und die "innere", unbewusste*

---

[81] UB Basel, NL 335, B3 (Gymnastik als Therapie, Vorlesung 1934 in München).

[82] UB Basel, NL 335, B4 (S. 12-13).

[83] Der natürliche Atemrhythmus gehe aufgrund von körperlichen und seelischen Fehlhaltungen verloren. Mit der Wiedererlangung des natürlichen Atemrhythmus können aber auch diese Fehlhaltungen auskuriert werden. Bei den Übungen (zu Beginn im Liegen, später im Sitzen, Stehen und Gehen) beginnt Heyer-Grote stets mit der Ausatmung. Der Patient dürfe erst wieder einatmen, wenn der Einatmungsimpuls kommt. UB Basel, NL 335, A IId 1 (Heyer-Grote schreibt über ihre Atemübungen); B1 (1953-1954, Atemtherapie, 1953, S. 60); B1 (1955-1970, Bewegungs- und Atemtherapien, S. 308-309); B4 (S. 16).

Zwerchfellatmung angeregt werden. Dieser Vorgang löst und entspannt den ganzen Organismus und erfordert keine Körperkräfte." und „*(...) Die rhythmische Atmung dient zur Lösung aller Beschwerden – Verkrampfung des vegetativen Nervensystems (Erregung, Unruhe, Übelkeit, Magenschmerzen, Kolik)*[84]." Dementsprechend sollte mittels Atmung der Lebensfluss und der leiblich-seelische Kreislauf wiederhergestellt werden. Wenn also ein Patient physische und psychische Probleme hat, erfährt er durch die Atemtherapie eine allgemeine Lösung und Entspannung: der Körper wird gelockert, der Gemütszustand entspannt sich und der Patient lernt loszulassen, seine Willenshaltung aufzugeben und zu sich selbst zu stehen, so wie er ist und wie er sich fühlt. Erst wenn dies gelinge, könne eine Heilung erfolgen[85]. Laut Heyer-Grote kann man die Atemtherapie nur betreiben, wenn man die tiefe Wirkung und Gestaltungskraft der Atmung physisch wie

---

[84] Zitiert aus: UB Basel, NL 335, A IId 1 (Atemübungen); B1 (1955-1970, Bewegungs- und Atemtherapien, S. 306).
[85] Die Atmung helfe Unbewusstes mit Bewusstem zu verbinden, und die Atemübungen ermöglichen eine korrigierende Neuerfahrung. UB Basel, NL 335, B1 (1929-1952, Über die Rolle von Atmung, Massage, Bewegung); B1 (1953-1954, Atemtherapie, 1953, S. 58). Engert-Timmermann 1998, S. 82.

auch psychisch selbst erlebt habe[86]. Die Atmung kann auch in Bezug zum Raum gesetzt werden, da sie in drei Richtungen gehen kann: die Tiefe, die Breite und nach vorne[87]. Was die Beeinflussung des Blutkreislaufs betrifft, könne mit der längeren Ausatmung das Blut bspw. aus den unteren Extremitäten in den Atemraum angesogen werden. Damit könne unter anderem auch Krampfadern behandelt werden[88].

Mit jedem neuen Patienten, den Heyer-Grote für die Atemtherapie zugewiesen bekam, hielt sie zuerst Einzelsitzungen ab, danach gab es Gruppensitzungen. Es sei denn, es gab therapeutische oder finanziell bedingte Gründe, für weitere Einzelsitzungen[89].

Die Idee der "Leib-Seelen-Einheit", welche der Nervenarzt Hans von Hattingberg in seiner Schriftenreihe "Der nervöse Mensch" (zwischen 1923 und 1924 herausgegeben)

---

[86] UB Basel, NL 335, B1 (1929-1952, Manuskript von Heyer-Grote zu "Über die Rolle von Atmung, Massage, Bewegung in der klinischen und psychotherapeutischen Praxis").
[87] UB Basel, NL 335, B4 (S. 10).
[88] Zitiert aus: UB Basel, NL 335, A IId 1 (Atemübungen).
[89] UB Basel, NL 335, B1 (1953-1954, Atemtherapie, 1953, S. 60).

thematisierte, führte mitunter dazu, dass sich Johannes Jaroslav Marcinowski, von Hans v. Hattingberg, G. R. Heyer, Leonhard Seif[90], Max Steger und Ernst Speer/Lindau hin und wieder trafen, um eine geeignete Therapie zu finden, welche neben der psychologisch-analytischen Behandlung auch auf die Abläufe im Körper wirken könnte[91]. Zu diesen Treffen gesellte sich auch Heyer-Grote, die anbot, eine Hilfstherapie zu entwickeln, welche mittels Gymnastik, Tanz und Atem, nicht nur die Körperhaltung der Patienten verbessern, sondern auch auf die Psyche einwirken sollte[92]. Die Gelegenheit mit seiner Frau

---

[90] Leonhard Seif *1866 in München - †1950, war Nervenarzt und Jungianer. Lockot, Regine: Erinnern und Durcharbeiten. Zur Geschichte der Psychoanalyse und Psychotherapie im Nationalsozialismus. Frankfurt am Main 1985, S. 328, Fussnote 3.

[91] Keifenheim, Katharina Eva: Hans von Hattingberg (1879-1944) Leben und Werk. Inaugral-Dissertation zur Erlangung des Doktorgrades der Medizin, Universität Tübingen 2011, zu finden auf: https://publikationen.uni-tuebingen.de/xmlui/bitstream/handle/10900/45898/pdf/Hans_von_Hattingberg.pdf?sequence=1, letzter Zugriff: 4. 1. 2019, S. 65. Heyer-Grote 1970, S. 15-16.

[92] Bei der Idee der Leib-Seelen-Einheit ging es darum, dass im Körper keine Veränderung stattfinde, ohne auch die seelische Stimmung der Person zu ändern und umgekehrt. So sei bei einem manisch-depressiven Patienten während seiner depressiven Stimmung der Körper mehr eingesunken, hängend und

zusammen arbeiten zu können, freute G. R. Heyer sehr. So schrieb er an Heyer-Grote: *„Ich möchte (...) möglichst viel mit Dir zusammen behandeln. Die Rhythmisierung und "leibliche" Bewegung dunkt mir immer mehr ein hervorragend Mittel, ein anders, tiefer als intellektuell die Verkrampften zu behandeln, zu lösen. Das wird eine scheint mir, auch f. uns wunderbrare Sache sein. Denk drüber nach (d.h. denk ich falsch) was am meisten d. Zwerchfell löst, ja*[93]*?"*

---

der Gang eher schleppend. Auch die Atmung vollziehe sich nur noch in der Tiefe und das Zwerchfell sei auch beim Einatmen nach unten durchhängend. Aber in seiner manischen Phase sei die Haltung gestreckt und sein Gang werde leichter, "federnd". Die Atmung bewegt sich nur in den oberen Regionen und das Zwerchfell sei nach hochgestellt. Die körperlichen Symptome sollten für das Gesamtbild der Neurose stärker berücksichtigt werden. Die Atem- und Bewegungstherapie sollte durch den Körper auch die Seele beeinflussen. UB Basel, NL 335, B1 (1955-1970, Atemschulung, S. 16-17; und Bewegungs- und Atemtherapien, S. 299); B4 (S. 2-4, 17); D IV 7 (Lebenslauf von G. R. Heyer, 29. 2. 1944). Dietrich 1995, S. 30-31, 69, 164. Heyer-Grote 1970, S. 15-16. Lockot 1985, S. 169-170.

[93] Besonders hervorragend schienen ihm die russischen Gesänge, sie hätten einen Einfluss auf die tiefe Entspannung. Zitiert aus: UB Basel, NL 335, C I 5, 33 (Brief von G. R. Heyer an Lucy Heyer-Grote, 1. 6. (ohne Jahresangabe vermutlich 1923 oder 1924)).

Mit Hilfe ihrer Kenntnisse in Gymnastik, Tanz, Atemtherapie sowie Überweisung von geeigneten Patienten in die
Praxis ihres Mannes, konzipierte Heyer-Grote auf neuroti-
sche Patienten zugeschnittene Bewegungs- und Atemtherapien als Hilfstherapien bei analytischer Behandlung. D.
h. neben der Behandlung der psychischen Ursache sollte
mittels der Hilfstherapien auch der Körper behandelt und
damit die Behandlungszeit des Patienten verkürzt werden[94].

---

[94] Während dieser "Entwicklungszeit" arbeitete sie auch (sechs
Jahre) in der Kuranstalt Obersendling (München) zusammen
mit Max Steger. Ihre Erfahrungen aus dieser Zusammenarbeit
präsentierten sie schliesslich auf dem VI. allgemeinen ärztlichen Kongress für Psychotherapie in Dresden (14.-17. Mai
1931). Ihr Mann G. R. Heyer hielt dort ebenfalls einen Vortrag
über "die Behandlung des Seelischen vom Körper aus". UB
Basel, NL 335, A la 1 (Lebenslauf); A la 5; A llb 8 ("Sammel-
Mappe für wichtige Ausschnitte"); D VII 4 (Brief von Heyer-
Grote, 22. 4. 1954); B1 (1929-1952, Heyer, Lucy: Gymnastik
bei Neurosen und Psychosen. In: Sonderdruck aus: Bericht
über den VI. Allgemeinen ärztlichen Kongress für Psychotherapie in Dresden, 14.-17. Mai 1931, S. 37-42; Heyer, Lucy:
Über Hilfsmethoden der Psychotherapie, Gymnastik, Atmung,
Massage usw. In: Heyer, G. R.: Praktische Seelenheilkunde,
München 1936, S. 167-180, hier S. 173-177 und zwei beige-
legte Seiten); B1 (1953-1954, Atemtherapie, 1953, S. 51); B1
(1955-1970, Atemschulung, S. 16); B3. Dietrich 1995, S. 31.
Heyer-Grote 1970, S. 17.

In ihrer Schule bildete sie nicht nur Tanzlehrkräfte aus, sondern gab auch Kurse (Fortbildungskurse für Gymnastinnen und Informationskurse für Ärzte), um Interessierten ihre Bewegungstherapien näherzubringen[95]. Ihr war es wichtig, den Kursteilnehmern bewusst zu machen, dass psychologische Probleme auch physiologische Beschwerden verursachen könnten und es wichtig sei, diese zu erkennen, zu erfassen, einzubeziehen und methodisch anzufassen[96]. Die Bewegungstherapie sollte, wie bei der Atemtherapie, individuell auf den Schüler eingestellt sein und nie nach nur einem Schema ablaufen[97].

Eine ihrer Schülerinnen war Marion Rosen. Da Rosen

---

[95] UB Basel, NL 335, B1 (1929-1952, Heyer, Lucy: Pathos und Tänzer. Ansprache an die Ausbildungsschülerinnen bei einer Abschiedsfeier. In: Singchor und Tanz, Jahrgang 47, Heft 11, Mannheim 1930, S.159-160, hier S. 159, 2. Spalte); B1 (1953-1954, Atemtherapie, 1953, S. 51); B4 (S. 20-21).

[96] Sie bot diese Kurse unter anderem an, da ihrer Meinung nach, die Verbesserung von psychologischen Leiden mittels Heilgymnastik und rhythmischer Gymnastik zu wenig berücksichtigt wurden. Für einen 14-tägigen Kurs verlangte sie, bei einer kleinen Gruppe von maximal sechs Teilnehmern Mk. 100.- pro Person und bei mehr als sechs Teilnehmern Mk. 80.- pro Person. UB Basel, NL 335, A IIb 4 (Heyer, Lucy/ Grote, Edith: Ergänzungskursus für Gymnastikpädagogen).

[97] UB Basel, NL 335, B1 (1929-1952, Gymnastik bei Neurosen und Psychosen, S. 41).

(evangelisch getauft) aus einer jüdischen Familie kam, musste sie Deutschland während dem zweiten Weltkrieg verlassen. Rosen selbst, litt als junge Frau an Asthma, weshalb sie in den 1930er Jahren zu Heyer-Grote in Behandlung kam, um ihre Atmung zu verbessern. Beeindruckt vom Behandlungserfolg bei ihr, liess sich Marion Rosen zwei Jahre von Heyer-Grote in Atem- und Massagetherapie ausbilden[98]. Heyer-Grote machte keine Unterscheidung zwischen Juden und nicht-Juden. Nach Olga Fröbe Kapteyn gehörte Heyer-Grote auch zu den wenigen Deutschen, die von Anfang an gegen die Nazis war[99].

---

[98] Wieviele Schülerinnen Heyer-Grote hatte, ist unklar. In ihrem Nachlass hat sie eine kleine Sammlung von Fotografien Ihrer ehemaligen Schülerinnen. U. a. von Marion Rosen wie auch ihrer Schwester Inge Rosenfeld und Hedwig Stern. Im Maylands Buch "Rosen-Methode Körperarbeit" lernte Marion Rosen Heyer-Grote mit Gertrude Lederer in ihrem Elternhaus kennen, als diese ihre Mutter, aufgrund eines am Vortrag gebrochenen Knöchels besuchten. Auf der Rückseite einer Porträtfotografie von Marion Rosen, wünscht sie, vermutlich von M. Rosen, 1946 frohe Weihnachten. Talisman/Hibbert 2008. Talisman/Hibbert 2006. Mayland 2010, S.18-19. Knoop 2018. UB Basel, NL 335, A Ig (Freunde, Fotografien Schülerinnen)
[99] Manuskriptabteilung der Library of Congress, (USA), Box I: 101, Ordner "No. 6, Heyer-Grote, Lucy, uncompleted biography of Jung" (Brief von Olga Fröbe-Kapteyn an John D. Barrett, 20. 7. 1949).

4. 2. 2 Ihre Gymnastik

Aus einem Brief an Verena Bürki (vom Mai 1972) geht hervor, dass Heyer-Grote vor Beginn des zweiten Weltkriegs Bewegung mit Musik als Therapie, vor allem bei "gehemmten und sonst wie gestörten Kindern und Erwachsenen", einsetzte. Dabei wurde sie auch von ihrem Mann G. R. Heyer und einigen Musikern unterstützt[100]. Als Methode für die Bewegungstherapie gefiel ihr vor allem die Gymnastik des Tänzers Rudolf von Laban, da sie alle nötigen Bewegungselemente innehabe und zugleich die *„reichhaltigste und erschöpfendste"* sei[101]. Wie bei der Atemtherapie, setzte sich der Patient mit sich selber auseinander. Dabei verbessere die Gymnastik das eigene Körpergefühl und den Gesamtstoffwechsel, indem sie körperliche

---

[100] Während der Gymnastik könne mittels Musik (um auf das Rhythmusgefühl zurückzugreifen), Hemmungen überwunden werden. UB Basel, NL 335, A Ic 6 (Brief von Heyer-Grote an Verena Bürki betreffend Radiosendung (3. 5. 1972) "Schweizerisches Forum für Musiktherapie – Lenk 1971" am Schweizer Radio, 7. 5. 1972); B1 (1929-1952, Gymnastik bei Neurosen und Psychosen, S. 41); B3.
[101] Zitiert aus: UB Basel, NL 335, B1 (1929-1952, Gymnastik bei Neurosen und Psychosen, S. 41).

Schwäche trainiere und so die Durchblutung, den Zellstoff-wechsel und den Kreislauf anrege[102]. Bei der Gymnastik gebe es sechs Leitpunkte: Spannung-Lösung, Gleichge-wicht, Körpergefühl, Rhythmus, Raumgefühl, Beziehung zur Gruppe[103]. So soll Beispielsweise, je nach Patienten,

---

[102] Für Heyer-Grote war es sehr wichtig, dass Gymnastik nicht als Sport angesehen wurde, da der Sport auf Bestleistungen der sporttreibenden Person abziele. Gymnastik wiederum ver-lange keine Bestleistung, sondern sei eine Bewegungsform, welche helfe, zum Körper ein Bewusstsein zu entwickeln und diesen besser zu spüren, sowie führen zu können. Die Gym-nastik könne, im Vergleich zum Sport, Haltungsfehler ausglei-chen, körperliche Entwicklungsstörungen verbessern und Be-wegungshemmungen überwinden. Zudem forme die Gymnas-tik den Körper nach innen (Beeinflussung der Psyche). UB Ba-sel, NL 335, A IIb 2 (Informationsblatt, S. 1-2); B1 (1929-1952, Über die Rolle von Atmung, Massage, Bewegung; Heyer, Lucy: Über psychische Wirkungen der Gymnastik. In: Die Me-dizinische Welt, Ärztliche Wochenschrift, Nornen Verlag, Nr. 11, Berlin 1932, S. 1-4, hier S. 1; Über Hilfsmethoden der Psy-chotherapie, S. 167-168); B1 (1953-1954, Atemtherapie, 1953, S. 59); B3; B4 (S. 4).
[103] Jedes Lebewesen lebe nach eigenem Rhythmus, aber bei Psychosen fehle dieser. Bei Menschen mit Zwangsneurosen wiederum würden die "vitalen und energetischen Kräfte" feh-len, welche nur durch Auseinandersetzung mit dem Raum wie-dererlangt werden könnten. Der Mensch solle dabei den An-weisungen folgen, ohne darüber nachzudenken wie er sich im Raum am besten bewegt ohne anzustossen. Diese Auseinan-dersetzung mit dem Raum sei indirekt auch eine Auseinander-setzung mit sich selbst und zur Umwelt und wurde von Heyer-

die Gymnastik helfen zu entspannen (bei verspannten Personen), oder eine gewisse Körperspannung aufzubauen (bei zu entspannten Personen)[104]. Die Gymnastik sollte von einer Frau durchgeführt werden, da ein männlicher Patient bei einem männlichen Bewegungstherapeuten eher Konkurrenzdenken und Hemmungen, bei einer weiblichen Bewegungstherapeutin hingegen seltener ein Minderwertigkeitsgefühl entwickeln würde[105]. Bei der Bewegungstherapie empfahl sie Gruppenarbeit, da dem Patienten durch den beständigen Wechsel des Partners und Verhältnisses zum Raum viel Reaktionsbereitschaft abverlangt würde, er zugleich dadurch aber auch eine Disziplinierung, innere Freiheit und Gelöstheit erfahre[106].

Grote "Raumgefühl" genannt. UB Basel, NL 335, A IIb 2 (Informationsblatt, S. 1-2); B1 (1929-1952, Über die Rolle von Atmung, Massage, Bewegung; Gymnastik bei Neurosen und Psychosen, S. 38, 41), B1 (1955-1970, Bewegungs- und Atemtherapien, S. 301); B3.

[104] Heyer-Grote nennt als Beispiel für zu entspannte Patienten die "Hysteriker" oder "Melancholiker". UB Basel, NL 335, B1 (1929-1952, Gymnastik bei Neurosen und Psychosen, S. 37-38).

[105] Bei Neurotikern sollte es aber eine autoritäre Person sein. Ebd., S. 41.

[106] UB Basel, NL 335, B1 (1929-1952, Über psychische Wirkungen, S. 4; Gymnastik bei Neurosen und Psychosen, S. 42).

Mit ihrem Manne G. R. Heyer zusammen veranstaltete sie Tanzabende. Dort thematisierte er in seiner Rede die Bedeutung des Tanzes und der Gymnastik für die Gesundheit und sie zeigte mit ihrer "Lucy Heyer-Schule" verschiedene Tanzarten[107].

Damit ihr als Bewegungs- und Tanztherapeutin auch Patienten überwiesen wurden, verschickte sie Werbebriefe für ihre Schule. Darin schrieb sie von ihren positiven Ergebnissen, welche sie mittels Gymnastik bei psycholabilen und nervenkranken Personen (in Zusammenarbeit mit ihrem Mann G. R. Heyer und den Nervenärzten Laudenheimer, von Hattingberg und Staeger) bereits erzielt habe. Weiter schrieb sie, dass sie aufgrund dieser positiven Resultate von der Allgemeinen Gesellschaft für Psychologie eingeladen worden war, um am Kongress einen Vortrag

---

[107] So beispielsweise am 10. Juli 1925 bei Steiniche an der Adalbertstrasse 15, in München. Aus den beiden Programmen geht hervor, dass zur Einleitung in den Tanzabend ihr Mann G. R. Heyer die Bedeutung des Tanzes und der Gymnastik für die Gesundheit erläuterte. UB Basel, NL 335, A IIb 2 (Werbung für "kulturell künstlerische Darbietung" der Lucy Heyer-Schule, 6. 7. 1924; Programmblatt für "Tanz Abend Lucy Heyer-Schule, 10. 7. 1924).

über die psychophysischen Möglichkeiten der Gymnastik zu halten[108].

Am 7. Oktober 1927 verletzte sie sich während einer Tanz- / Gymnastikstunde den Rücken. Aufgrund dieser Rückenverletzung konnte sie keine Heilgymnastik mehr geben[109]. Dennoch führte sie weiterhin ihre Lucy Heyer-Tanzschule. So trat beispielsweise ihre Tanzschule am 18. November 1929 an der Gyges-Schau auf, um Präzision in Bewegung und Raumbewusstsein zu zeigen[110]. Ab 1930 hiess die Tanzschule nicht mehr Lucy Heyer-Schule, sondern

---

[108] Diesen Werbebrief schickte sie vermutlich an alle Ärzte, in der Hoffnung, von diesen deren Patienten empfohlen zu werden. So schrieb sie auf der ersten Seite, dass sie den Patienten, mittels Einzelunterrichtes und Kursen, *„unter therapeutischen Gesichtspunkten und wenn erwünscht – in Fühlung mit dem behandelnden Arzt die Hilfe zu geben, die eine durchdachte Gymnastik für jeden individuell zu geben vermag."* Zitiert aus: UB Basel, NL 335, A IIb 2 (Informationsblatt).
[109] UB Basel, NL 335, A Ic 1, (Gedankenäusserungen zu ihrem Leben, Erinnerungen, Autobiographisches); A I e: 3, (Agenda von 1927, hier Eintrag vom 7. Oktober 1927).
[110] UB Basel, NL 335, A IIb 2 Programmflyer Gyges-Schau).

Schule für Gymnastik und Tanz, welche sie ab dann neu mit ihrer Schwester Edith Grote zusammen leitete[111].

Regelmässig fanden im Hause des Architekten Richard Riemerschmidt, unter der Leitung des Justizministers Franz Gürtner und des Philosophieprofessors Karl Alexander von Müller Treffen des "Münchner Kreises" statt. Dort referierten und diskutierten u. a. auch Nervenärzte, wie auch an Psychologie Interessierte. An diesem "Münchner Kreis" nahm auch G. R. Heyer teil. Als er aufgefordert wurde, einen Vortrag im Kreise zu halten, kontaktierte er 1928 C. G. Jung, um diesen zu fragen, ob er im Winter

---

[111] Heyer-Grote beeinflusste ihre Schwester Edith Grote mit der Bewegungs- und Atemtherapie als sie sie in ihre Tanzschule holte. Als Heyer-Grote nach Zürich zu C. G. Jung (1930-1932) ging, machte sich ihre Schwester selbständig. Damit sie die Erlaubnis erhielt, eine Praxis als Atemlehrerin (in Basel) zu eröffnen und mit anderen Ärzten zusammen zu arbeiten, erwarb Edith Grote noch 1947 ihr Diplom. 1957 bekam Heyer-Grote von zwei ehemaligen Schülerinnen, welchen sie die Atemtherapie beigebracht hatte und die nach Amerika ausgewandert waren, Besuch. Dass beide Schülerinnen, das bei ihr Gelernte in Amerika auch im Berufsleben anwandten, sah sie als Bestätigung und kraftgebend, um weiter zu machen. UB Basel, NL 335, A Ic 9 (Rundbrief von Heyer-Grote, hier 2. 3. 1958); A IIb 2 (Informationsblatt); C I 4 (Trauerrede zu Edith Grotes Tod); C I 4, 25 (Brief von Edith Grote an Lucy Heyer-Grote, 14. 3. 1947). Dietrich 1995, S. 31).

(1928) an seiner Stelle im "Münchner Kreis" über die Psychoanalyse referieren könnte. Jung nahm die Einladung an und G. R. Heyer organisierte für Jungs Vortrag an der Münchner Universität das Auditorium Maximum. Während seines kurzen Aufenthalts in München, besuchte Jung mit seiner Mitarbeiterin Toni Wolff die Heyers auch zuhause[112]. Nach dessen Vortrag stattete G. R. Heyer Jung mehrmals einen Besuch ab, und es entwickelte sich zwischen dem Ehepaar Heyer und C. G. Jung eine Freundschaft. Am 2. Mai 1931 hielt Heyer-Grote im Clubhaus des Psychologischen Clubs in Zürich einen Vortrag über "Gymnastik bei Neurosen und Psychosen". Gleich nach diesem Vortrag reichte C. G. Jung beim Rechtsanwalt E. Schlegel (Zürich) und der Fremdenpolizei für Heyer-Grote das Gesuch für eine Einreiseerlaubnis in die Schweiz vom

---

[112] Im Brief an C. G. Jung, beschreibt G. R. Heyer den Münchner Kreis. Nach G. R. Heyer gehörten zu diesem Kreis etwa 40 bis 60 Personen. UB Basel, NL 335, D IV 7 (Lebenslauf von G. R. Heyer; Brief von Heyer-Grote an Gerhard Wehr, 31. 1. 1980). ETH-Bibliothek Zürich, Hs 1056: 240 (Brief von G. R. Heyer an C. G. Jung, 3. 6. 1928). Personen- und Studentenverzeichnisse der Universität München, von 1826-1946, digitalisiert zu finden auf: https://epub.ub.uni-muenchen.de/view/lmu/pverz.html, letzter Zugriff: 17. 9. 2018, hier Personen- und Studentenverzeichnis von 1928, S. 25.

18. Mai bis Ende Juni 1931 ein. So war sie zwischen 1931-1932 bei C. G. Jung in Zürich, um ihre Atem- und Bewegungstherapie im Zürcher Club vorzustellen und diese, an von ihnen ausgewählten Patienten, zu demonstrieren. Nach Heyer-Grote hatte ihr Unterricht über Atem- und Bewegungstherapie im Zürcher Club aber keine "nennenswerten Folgen".

Während ihres Aufenthaltes in Zürich, erlernte sie bei Toni Wolff die analytische Psychotherapie[113]. Zurückgekehrt aus Zürich (1932) arbeitete sie nicht mehr in der Praxis ihres Mannes, sondern machte als "Psychologin" eine eigene freie Praxis auf. Sie war nicht mehr auf die Analyse der überweisenden Ärzte angewiesen, um mit den Patienten ihre Atem- und Bewegungstherapie machen zu können, sondern konnte nun selbst den überweisenden Ärzten anbieten, deren Patienten zu analysieren und anhand

---

[113] Mit der Rezension Heyers 1937 zu Jungs Buch "Psychologie und Religion" kam es zum ersten Bruch. UB Basel, NL 335, A la 1 (Lebenslauf); A la 3; A la 5; A lb 4 (Angaben zum Rückbürgerungsgesuch); A lc 1, ("Notizen zu BIOS"); A IId 6 (Brief von Heyer-Grote an Herr Wehr, 9. 11. 1980; Brief von Heyer-Grote an Nina Kindler, 20. 11. 1976); B1 (1953-1954, Atemtherapie, 1953, S. 51); D IV 7 (Brief von Heyer-Grote, 31. 1. 1980); D VII 4 (Brief von Heyer-Grote, 22. 4. 1954). Dietrich 1995, S. 164.

dessen ihre Behandlungsmethode anzuwenden. Dennoch war sie als Nichtärztin nach wie vor auf Ärzte angewiesen, die, ihr Patienten überwiesen[114].

Mit ihrem Mann zusammen gründete sie eine "Psychologische Arbeitsgemeinschaft". Hierbei war es ihnen vor allem wichtig, dass der Fokus auf Themen aus der Psychologie und deren Grenzgebieten (hier zählt sie Indologie, Mythologie und Religionsgeschichte aus) lag. Hin und wieder fanden bei ihr zu Hause Treffen von Ärzten und Psychiatern statt um über Psychosomatik zu diskutieren. In einem Brief an Frau Wolff bestätigte sie, dass sie seit November 1932 alle 14 Tage Diskussionsabende über analytische Psychologie und andere Themen veranstalte. Es sei aber kein offizieller Verein oder Club[115]. Als sie 1954

---

[114] In ihrer Praxis analysierte sie Träume und/oder Zeichnungen ihrer Patienten. Zu den Nervenärzten, welche ihr Patienten überwiesen, gehörten u. a. ihr Mann G. R. Heyer und Max Steger. UB Basel, A Ia 1 (Lebenslauf); A Ia 3; A Ia 5; D VII 4 (Brief von Heyer-Grote, 22. 4. 1954); A Ib 4 (Angaben zum Rückbürgerungsgesuch); A IIb 6 (Heyer, Lucy: Über das Bilderzeichnen aus dem Unbewussten, Bericht über einen Zeichenkursus mit Patienten, Lehrerseminar am 12. 7. 1940).
[115] An diesen Diskussionsabenden hatten sie beispielsweise über Professor Zimmers und Dr. Jungs Diskussionsrede zum Hauer-Seminar in Zürich oder auch über den I Ging und die

sich um eine Aufnahme in die Psychologische Gesellschaft Basel bewirbt, gibt sie zudem an, in München das Sekretariat des "Münchner Psychologischen Arbeitskreises" geleitet zu haben[116].

5. Die unabhängige Heyer-Grote (1933 bis 1952)

5. 1 Ihr Privatleben

Auf den 1. Januar 1937 wurde Heyer-Grote die Wohnung gekündet, sodass sie für kurze Zeit (ab Dezember 1936) mit ihrem Sohn Anselm zusammenwohnte. An Käte Hoss äusserte sie in ihrem Brief ihre Bedenken, die sie gehabt hätte, wegen des Zusammenlebens mit ihrem Sohne Anselm. Sie befürchtete weniger Zeit für sich zu haben, was sich aber schliesslich, wie sie erfreut schrieb, als unnötige Befürchtung herausstellte. Weiter schrieb sie: *„Ich weiss erst jetzt was ich entbehrt habe all die Jahre, indem ich*

Tierkreiszeichen gesprochen. UB Basel, NL 335, A IIb 7 (Brief von Heyer-Grote an Frau Wolff, 19. 7. 1933, Vorder- und Rückseite); D IV 7 (über das Leben von G. R. Heyer, "April 76").

[116] UB Basel, NL 335, D VII 4 (Brief von Heyer-Grote, 22. 4. 1954).

89

den Jungen in eine Internatsschule gab[117]." Als 1940 Anselm Heyer seine Eltern auf dem Postweg von seiner Verlobung mit Gertraud Sonda Heuss in Kenntnis setzte, regte sich G. R. Heyer über die Neuigkeit auf. Seiner Ansicht nach war die Verlobung keine gute Idee, da die Verlobte arm war und sein Sohn (angeblich) noch nicht wirklich auf eigenen Füssen stand. Was Heyer-Grote zu diesem Zeitpunkt über die Verlobung ihres Sohnes dachte, ist nicht überliefert, nur dass sie, wie auch ihr Exmann, sich gewünscht hätten, von ihrem Sohn diese Neuigkeit persönlich zu erfahren[118]. Später, nach der Hochzeit ihres Sohnes mit Gertraud Heuss (26. Februar 1942) freute sich

---

[117] Am 4. Januar 1937 zog sie bei ihrem Sohn in die Wohnung an der Habsburgerstrasse 3/4 ein. Dennoch lebte Heyer-Grote gerne für sich, ohne Familientrubel um sich herum. So schrieb sie zu einem Besuch ihrer Schwiegertochter und Enkelin Yella 1948: *„Das Zusammensein war nur leider zu kurz. Yella die kleine Person fand sich gleich hier zurecht. So sehr ich mich des Besuches freute, so wurde mir doch wieder dabei deutlich, dass ich es nicht aushalten könnte, neben dem Beruf mit der Familie zu leben."* UB Basel, NL 335, D I. 8 (Biografische Angaben über Anselm Heyer). Zitat im Haupttext aus: UB Basel, NL 335, C II 76, 15 (Brief von Lucy Heyer-Grote an Käthe Hoss, 12. 12. 1937). Zitat in Fussnote aus: UB Basel, NL 335, A Ic 9 (Verschiedenes, Eintrag vom 1. 2. 1948).
[118] UB Basel, NL 335, C I 5, 61 (Brief von G. R. Heyer an seine Frau Lucy Heyer-Grote, 12. 1. 1940).

Heyer-Grote über ihre Schwiegertochter. So schrieb ihr auch Daisy Brody zur Hochzeit ihres Sohnes: „*(...) Vorerst lass dich sehr herzlich beglückwünschen, die reizende kleine Schwiegertochter wird dir die echte Tochter ersetzen, die du dir immer gewünscht hast. Ich bin froh, dass sie dir gefällt (...)*[119].“

Ein paar Monate nach der Hochzeit ihres Sohnes wurde bei einem Luftangriff auf München (20. September 1942) ihre Wohnung erstmals stark beschädigt. Während dem Luftangriff befand sie sich in Bayrischzell, wohin sie, nachdem sie ihre zerstörte Wohnung (30. Sept. 1942) besichtigt hatte, wieder zurückkehrte[120]. Beim Luftangriff am 26.

---

[119] Wann immer Lucy Heyer-Grote Besuch von ihrem Sohn und Schwiegertochter hatte, hielt sie danach fest, wie traurig sie sei, dass die beiden schon wieder weg seien. So auch im Eintrag vom 29. April 1965. Ihre Freundin Daisy Brody lernte sie wohl nach der Schul- und Studienzeit, aber vor August 1933 kennen. Aber woher sie sich kannten, bleibt unklar. UB Basel, NL 335, A Ic 6 (1965); A Ie: 5 (Agenda von 1942, hier Einträge von 20. Jan. und 26. Feb. 1942); C II 9, 4 (Brief von Daisy Brody an Lucy Heyer-Grote, 29. 7. 1936, S. 3). Zitiert aus: UB Basel, NL 335, C II 9, 48 (Brief von Daisy Brody an Lucy Heyer-Grote, 11. 3. ohne Jahresangabe, vermutlich aber 1942).

[120] Ab dem 5. Oktober 1942 liess sie ihre Wohnung wieder instand stellen. UB Basel, NL 335, A Ie: 5 (hier Einträge von 19., 20. und 30. Sept., sowie 1. und 5. Okt. 1942).

4. 1945 hatte sie abermals Glück. Auch diesmal wurde ihre Wohnung stark beschädigt, war aber noch bewohnbar. Durch den Bombenangriff waren die Wände eingedrückt worden. Während des Krieges brannte es mehrmals in ihrer Wohnung und die Innenwände stürzten vier Mal ein. Jedes Mal hatte sie das Glück, dass das Feuer noch rechtzeitig gelöscht werden und das Zerstörte wiederhergestellt werden konnte[121].

Am 28. April 1945 gab die "Freiheitsaktion Bayern" in den Radionachrichten die Einstellung des Kampfes bekannt. Auf diese Bekanntgabe hin erwarteten die Münchner noch in der darauffolgenden Nacht den Einmarsch der Amerikaner. Da man auch Beschuss befürchtete, verbrachten alle Bewohner des Hauses, bis auf Heyer-Grote die Nacht im Luftschutzkeller. Heyer-Grote selbst verblieb in ihrer Wohnung. Zwei Tage später marschierten die Amerikaner

---

[121] Erst ab dem 19. Nov. 1945 wurde ihre Wohnung wiederhergerichtet. Kurz vor Weihnachten war dann alles repariert. UB Basel, NL 335, A Ie: 6 (Einträge von 19.-29. 11. 1945); A Ie 26 (Eintrag vom 26. 4. 1945); C I 1 (Brief von Heyer-Grote an Anna Grote, 24. 3. 1946); C II 9, 54 (Brief von Heyer-Grote an Daisy Brody, 1. 2. 1946).

schliesslich in München ein[122]. Zur Kapitulation Deutschlands schrieb Heyer-Grote am 7. Mai 1945: „*Die Trauer, der Schmerz um das so tief darniederliegende Deutschland hält mich in trostloser Stimmung. (...) Es musste so ausgehen, damit er seinen Zweck für uns erfüllte: Erkenntnis (unserer Selbst), Besinnung (auf die Wahrheit der Sünde), Entscheidung (für oder gegen sie)[123].*" Nachdem am 19. Mai 1945 ein Nachbarhaus beschlagnahmt wurde und alle darin wohnenden Leute aus dem Haus vertrieben wurden, malten sie an ihr eigenes Haus ein rotes Kreuz, in der Hoffnung, nicht dasselbe erleben zu müssen, wie die Bewohner des Nachbarhauses[124]. Wie lange zwischen

---

[122] Die Freiheitsaktion Bayern (FAB) entstand erst gegen Ende des Zweiten Weltkriegs. Sie waren gegen das Nationalsozialistische Regime und übernahmen am 28. April 1945 die Münchner Rundfunksender. Über die Rundfunksender verkündeten sie auch, dass sie die Regierungsgewalt übernommen hätten. Einen Tag später (29. 4. 1945) war es mit der FAB bereits zu Ende und viele Mitglieder und FAB Sympathisanten wurden von der NSDAP erschossen. UB Basel, NL 335, A le 26 (Einträge von 28. April und 1. Mai 1945). Benz, Wolfgang: Der deutsche Widerstand gegen Hitler, München 2014, S. 91-92.

[123] Zitiert aus: UB Basel, NL 335, A le 26 (hier Eintrag vom 7. Mai 1945).

[124] UB Basel, NL 335, A le 26 (hier Eintrag vom 27. Mai 1945).

93

ihr, ihrem Sohn und ihrem Exmann Funkstille war, ist unklar. Als sie am 4. Juni 1945 erfährt, dass es beiden gut geht, ist sie erleichtert[125]. Aufgrund von Nahrungsmittelknappheit ernährten sich Heyer-Grote und Anselm Heyers Familie fast ausschliesslich von Kartoffeln. Mit ihrer deutschen Nationalität erhielt sie, im Vergleich zu ihrer Schwester Edith Grote und deren Schweizer Nationalität keine monatliche Unterstützung vom Schweizer Konsulat. Zum Glück aber sandten ihr ihre Geschwister aus der Schweiz und ihre Freundinnen Gertrude Lederer-Eckart und Daisy Brody aus Amerika regelmässig Care-Pakete oder Pakete mit Kleidern und Haushaltsdingen zu, so dass sie auch diese Zeit überstehen konnte[126]. Durch diese

---

[125] Einen Monat später (5. Juli 1945) zog ihr Sohn (direkt aus dem Lazarett entlassen) bei ihr ein und kurze Zeit darauf auch Anselm Heyers Familie, seine Frau Sonda mit seinen Kindern Yella und Michael. UB Basel, NL 335, A Ic 1 ("Notizen zu BIOS"); A Ie 26 (hier Eintrag vom 4. 6. 1945).

[126] Mit ihrer Heirat mit dem deutschen Heyer 1917 hatte Heyer-Grote ihre Schweizer Nationalität gegen die Deutsche "eingetauscht". Edith Grote war die Heirat mit dem Vater ihrer Tochter Ursula von den Nationalsozialisten verboten worden. Heyer-Grote vermutet hierfür als Grund die Morphiumsucht des Mannes. Dadurch, dass Edith Grote nicht geheiratet hatte, behielt sie ihre Schweizer Nationalität. Alle Mitglieder der Familie Lederer-Eckhardt schenkten sich zu Weihnachten nichts,

Care-Pakete konnte sie ihre Mahlzeiten (auch Frühstück), die 1946 vor allem aus Kartoffeln bestand, immerhin "auf-peppen"[127].

Obwohl sie nur wenig Lebensmittel zur Verfügung hatte, liess Heyer-Grote neben ihrem Sohn und dessen Familie, zeitweise auch Freunde oder Patienten in ihrer Wohnung wohnen. So schrieb sie in einem Brief an ihre Schwester Anna Grote: *„Da es nicht viele Leute gibt, die in der Stadt*

---

um dafür genug Care-Pakete an Freunde in Deutschland schicken zu können. Von Daisy Brody hatte sie unter anderem Schuhe, Tücher, eine Pondscreme, Nelkenseife, Kaffe und Unterwäsche erhalten. UB Basel, NL 335, C I 1 (Brief von Heyer-Grote, 12. 2. 1946); C I 3, 2 (Brief von Heyer-Grote an Werner Grote, 18. 5. 1946); C I 3, 6 (Brief von Heyer-Grote an Werner Grote, 15. 6. 1947); C II 9, 56 (Brief von Heyer-Grote an Daisy Brody, 25. 5. 1946); C II 9, 60 (Brief von Heyer-Grote an Daisy Brody, 17. 4. 1947); C II 54, 5; C II 54, 7 (Brief von Gertrude Lederer-Eckart an Heyer-Grote, 19. 12. 1946); C II 54, 8; C II 54, 13 (Brief von Heyer-Grote an Gertrude Lederer-Eckhardt, 15. 6. 1947).

[127] Die Care-Pakete beinhalteten unter anderem Kakao, Nescafé, Käse, Butter, gekochte Eier, Speck, Reis und vieles mehr. In ihren Briefen an Daisy Brody äusserte sie Wünsche zu den Dingen, die ihr fehlten und sie noch gerne hätte. So wünschte sie sich 1947 (aus Göppingen) beispielsweise Brotaufstrich, Nescafé und Trockenmilch. UB Basel, NL 335, C I 1 (Brief von Heyer-Grote an Anna Grote, 4. 6. 1946); C II 9, 58 (Brief von Heyer-Grote an Daisy Brody, 30. 3. 1947);C II 9, 60.

noch ihre Wohnung haben, und da alle Hotels zerstört sind, ist mein Haus Hotel und Begegnungsstätte für Hunderte, die in oder durch die Stadt kommen – ich habe ja so viele Bekannte und Patienten, und viele suchen bei mir Unterkommen, Zuflucht und Ausruhen. Das ist sehr anstrengend für mich, ja oft denke ich, ich könne es nicht mehr ertragen, aber ich betrachte es dennoch als meine Pflicht, da das Schicksal mich vor der Ausbombung verschont hat[128]."

Obgleich der Krieg vorbei war, konnte Heyer-Grote als Deutsche weiterhin nicht ausreisen und ihre Freunde und Familie (Fritz, Anna und Werner Grote) in der Schweiz besuchen, da (nach Heyer-Grote) die amerikanische Militärregierung Privatpersonen das Ausreisen aus Deutschland verbot. Diese Art Isolation fiel ihr besonders schwer, als ihr Bruder Fritz Grote im März 1946 starb und sie sich von ihm

---

[128] Zwischenzeitlich wohnten ihre Schwiegertochter Sonda und Enkelin Gabriella (Yella) in Frankreich auf dem Lande oder waren im Schwarzwald bei der Mutter von Sonda, während Anselm auf dem Lande arbeitete und Lucy Heyer-Grote auf ihren Enkel Michael aufpasste. UB Basel, NL 335, C I 1 (Brief von Heyer-Grote, 12. 2. 1946). Zitiert aus: UB Basel, NL 335, C I 1 (Brief von Heyer-Grote, 24. 3. 1946).

nicht einmal mehr verabschieden konnte. In der Hoffnung, als Journalistin eine Ausreisegenehmigung zu erhalten, bemühte sie sich, allerdings erfolglos um Presse-Aufträge für die Eranostagung in Ascona (26. 8. bis 3. 9. 1946), sowie die daran anschliessende Internationale Tagung für Psychotherapie in Zürich[129].

Im selben Jahr wurde Heyer-Grotes Wohnung (September 1946) nach Zigaretten durchsucht. Ihr Sohn Anselm Heyer wurde wegen angeblichem Zigarettendiebstal verhaftet und am 12. Oktober 1946 zu sechs Wochen Haft verurteilt. Die Verhaftung ihres Sohnes war für Heyer-Grote so belastend, dass sie ihre neue Anstellung im Christophsbad in Göppingen um einige Wochen verschob[130]. Zu Anselms

---

[129] Gerne hätte Heyer-Grote ihre Geschwister (Fritz, Anne und Werner Grote) in der Schweiz besucht und Deutschland verlassen, doch nach wie vor waren die Grenzen für "Deutsche" geschlossen. Ihre Schwester Edith Grote wiederum hätte, nach Heyer-Grote, samt Tochter Ursula in die Schweiz zurückkehren können. UB Basel, NL 335, A Ie 26 (Eintrag nach Silvesternacht 1945/46); C I 1 (Brief von Heyer-Grote, 12. 2. 1946; Brief von Heyer-Grote, 24. 3. 1946; Brief von Heyer-Grote, 4. 6. 1946); C I 3, 2; C II 54, 17 (Brief von Heyer-Grote an Gertrude Lederer-Eckart, 27. 2. 1946).
[130] UB Basel, NL 335, A Ie: 4 (Tagebuch vom 1947, Eintrag vom 15. 2. 1947).

Verhaftung schrieb Gertrude Lederer-Eckart am 25. Februar 1947: „*Via Wolfgang-Hanno hörte ich, was für erneute Sorgen Du nun mit Anselm hast und dass er irgendwelche Dummheiten sehr bitter zu büssen hat. Ich bin so traurig für Dich und alle Beteiligten und wollte, ich könnte irgendwas tun, Dir zu helfen*[131]."

5. 1. 1 Eranostagungen

Für Heyer-Grote war die alljährlich stattfindende Eranostagung stets geistige Anregung sowie Ort für Begegnungen mit Bekannten und Unbekannten aus aller Welt, „(…) *wie das Durchwandern verschiedener Räume eines weiten Palastes, der keine geschlossene Wände hat, sondern*

---

[131] Lucy Heyer-Grote und ihre Exmann G. R. Heyer hatten für ihren Sohn Anselm zwei Anwälte konsultiert, um ihn aus der Haft zu bekommen. Was ihre Einträge zu Anselm Heyers Verhaftung betrifft, hatte Heyer-Grote diese, vermutlich versehentlich in die Agenda von 1945 statt 1946 und 1941 statt 1947 eingeschrieben. Diese Vermutung wird auch durch den Brief ihrer Freundin Gertrude Lederer-Eckart und ihrer Anstellung im Christophsbad Göppingen, welche erst 1947 erfolgte, bestätigt. UB Basel, NL 335, A Ic 1 ("Notizen zu BIOS"; Kalenderauszüge); A Ie: 4 (Eintrag vom 21. Jan. 1941); A Ie: 6 (Einträge von 3. und 18. Okt. 1945). Zitiert aus: UB Basel, NL 335, C II 54, 6, (Brief von Gertrude Lederer-Eckart an Heyer-Grote, 25. 2. 1947).

überall Bogendurchblicke, sei es ins weite Land, sei es in die benachbarten Gemächer. Es weht die gleiche Luft draussen und drinnen, und man bewegt sich wohl jeweils in ganz bestimmten, klar abgegrenzten Räumen, behält aber stets die weitere Umgebung im Bewusstsein[132]." Die Eranostagungen wurden von Olga Fröbe-Kapteyn (†1962) ins Leben gerufen und organisiert. Sie bestimmte, wer dabei sein durfte und wer einen Vortrag hält. Zu diesen Tagungen trafen auch stets die Brodys und C. G. Jung in Ascona ein. Die Brodys kümmerten sich um die Herausgabe der Jahresbücher der Eranostagungen im Rhein-Verlag, und Jung war als Koryphäe der Psychoanalyse ein gern gesehener Gast und Redner dort. Während des zweiten Weltkriegs (ab 1939) bis und mit 1949 konnte Heyer-Grote aufgrund des Ausreiseverbots die Eranostagung in Ascona nicht besuchen. Auch 1936 blieb sie der Eranostagung fern, da sie einen Schulungskurs besuchen musste, um ihre Arbeitsberechtigung nicht zu verlieren. Aufgrund gesundheitlicher Probleme (im Alter) meldete sie sich hin

---

[132] Zitiert aus: UB Basel, NL 335, A Ic 9 (Rundbrief von Heyer-Grote, hier 2. 3. 1958).

und wieder bei Fröbe-Kapteyn für die Tagung ab[133]. Zudem wurde 1936 die Ausreise den Deutschen erschwert. Dies kommentierte auch Olga Fröbe Jung gegenüber. So schrieb C. G. Jung am 1. 8. 1936 an G. R. Heyer *„Wie ich von Frau Fröbe gehört habe, sind die Deutschen samt und sonders von der Eranos-Tagung ausgeschlossen worden durch internes Verbot. Das Ausland bedauert. Wir werden uns also vorzugsweise auf französisch und englisch unterhalten müssen. (...)"*[134]

---

[133] Erst im August 1950 konnte sie wieder an einer Eranostagung teilnehmen und hielt dort einen Vortrag über "Mensch und Ritus". Aus gesundheitlichen Gründen (Rückenprobleme) meldete sie sich für die Eranostagung 1965 ab. UB Basel, NL 335, A Ic 1 (Kalenderauszüge); A Ic 6 (1965, Eintrag vom 24. August 1965); A Ie 7 (Agenda von 1950, hier Einträge von 20. / 21. August 1950); B1 (1929-1952, Heyer, Lucy: Mensch und Ritus, Eranostagung 21. August bis 30. August 1950. In: Psyche. Eine Zeitschrift für Tiefenpsychologie und Menschenkunde in Forschung und Praxis, 5. Jahrgang, Heft 5, Stuttgart 1951, S. 316-320); C II 10 (Beilage, Artikel von Hack Bertold zum Tod von Daniel Brody, 1. 4. 1969); D VIII 1 (Manuskript über Eranos und den Tod von Olga Fröbe-Kapteyn, 25. 4. 1962). ETH-Bibliothek Zürich, Hs 1056: 4469 (Brief von Lucy Heyer an C. G. Jung, 12. 7. 1936).
[134] Zitiert aus: ETH-Bibliothek Zürich, Hs 1056: 4469 (Brief von Lucy Heyer an C. G. Jung, 12. 7. 1936); Hs 1056: 5017 (Brief von C. G. Jung an G. R. Heyer, 1. 8. 1936).

Im darauffolgenden Jahr (1951) wäre sie gerne an die Eranostagung gegangen, da C. G. Jung, und ihr Sohn Anselm Heyer dort einen Vortrag hielten[135]. Im August 1952
nahm sie wieder an der Eranostagung teil[136].

5. 1. 2 Ausreiseprobleme

Bereits mit der Scheidung 1933/1934 (gemäss des damaligen Art. 10, lit. b, des Bundesgesetzes vom 25. Juni
1903) hätte Heyer-Grote mittels Rückbürgerungsgesuch
ihre Schweizer Nationalität wiedererlangen können[137]:
Nach diesem damaligen Artikel konnte eine Schweizerin,
die ihr Schweizerbürgerrecht aufgrund einer Heirat verloren hatte, dieses nach der Scheidung wiedererlangen,

---

[135] Der Grund für ihr Fernbleiben der Eranos-Tagung ist unklar. UB Basel, NL 335, C I 5, 95 (Brief von Heyer-Grote an G.
R. Heyer, 12. 8. 1951).
[136] UB Basel, NL 335, A Ic 1 ("Notizen zu BIOS"); A Ie 26 (Einträge von 12. bis 17. August 1952).
[137] Darauf wurde sie auch von ihrem Bruder Fritz Grote zwei
Jahre vor ihrer Scheidung (1931) aufmerksam gemacht. UB
Basel, NL 335, C I 2, 14. Beschwerde von Frau Kremo für eine
Wiedereinbürgerung In: Protokoll der 53. Sitzung des Schweizerischen Bundesrates vom 16. 8. 1952, S. 243-251, hier S.
247, zu finden auf: https://www.amtsdruckschriften.bar.ad-
min.ch/viewOriginDoc/70016088.pdf?id=70016088&action=open,
letzter Zugriff: 21. 7. 2021.

wenn sie innerhalb der 10 Jahresfrist (ab erfolgter Scheidung) in der Schweiz wohnte, eine Wiedereinbürgerung
verlangte und politisch unbelastet, wie auch „mit Land und
Volk gesinnungsmässig verbunden" war[138]. Wieso sie
nicht gleich ein Gesuch dafür einreichte, ist unklar, denn
zu dieser Zeit war das Ausreisen für sie noch kein Problem. So reiste sie beispielsweise auch am 12. August 1935
nach Ascona zu den Eranostagungen[139]. Als der Krieg
1939 begann und ihr Sohn Anselm Heyer eingezogen
wurde, entschied sie sich, aus Angst den Kontakt zu ihrem
Sohn zu verlieren, nicht in die Schweiz auszureisen, sondern vorerst in München zu bleiben[140]. Erst kurz vor dem
Ablaufen der Beantragungsfrist für ihre Rückbürgerung,
versuchte sie beim Schweizer Konsulat in München ihr
Rückbürgerungs-Gesuch einzureichen. Diese weigerten
sich aber, ihr Gesuch anzunehmen, da sie dieses nur in
der Schweiz selbst einreichen dürfe (s. Oben Art. 10 des

---

[138] Zitiert aus: 53. Sitzung des Schweizerischen Bundesrates
1952, S. 247, 249.
[139] UB Basel, NL 335, A Ie 26 (Eintrag vom 10. 8. 1935).
[140] Ihre Geschwister (Fritz und Anna Grote) hatten für Heyer-
Grotes vorgesehenen längeren Aufenthalt in der Schweiz bereits alles vorbereitet gehabt. UB Basel, NL 335, A Ib 4 (Angaben zum Rückbürgerungsgesuch); C I 3, 2.

Bundesgesetz 1903)[141]. So beschloss sie, ihren ablaufenden Pass zu verlängern, um in die Schweiz auszureisen und den Rückbürgerungs-Antrag stellen zu können. Statt einer Verlängerung ihres Passes wurde ihr aber der Pass entzogen. Rückblickend schrieb Heyer-Grote dazu: *„Ich selbst und mein Mann haben nach 1933 wie gewohnt mit unseren jüdischen Freunden und Schülern verkehrt, bis sie in die Emigration gingen, was ja allmählich geschah. Natürlich wurden diese Verbindungen im beiderseitigen Interesse möglichst unauffällig gepflegt. Aber sie haben uns weder die Freiheit noch das Leben gekostet, obschon wir offenbar von Amts wegen kontrolliert worden sind. Denn als ich für eine Schweizerreise meinen Pass verlängern lassen wollte, erfuhr ich im Rathaus, dass ich in der Amtskartei als "judophil" charakterisiert sei, und dass man meinen Pass zurückbehalte, weil ich nicht geeignet sei, das deutsche Reich im Ausland würdig zu vertreten*[142].*„*

---

[141] 53. Sitzung des Schweizerischen Bundesrates 1952, S. 247. UB Basel, NL 335, A Ib 4 (Angaben zum Rückbürgerungsgesuch); A Ic 1 ("Notizen zu BIOS").
[142] Ihre beiden Geschwister Anna und Fritz Grote schlugen Lucy vor, sie solle sich ein Arztzeugnis ausstellen lassen, dass

Nachdem Ende des zweiten Weltkriegs hoffte Heyer-Grote (1946), den Krieg als Hindernis geltend machen zu können und dadurch doch noch ihre Schweizer Nationalität wieder zu erlangen[143]. Nur das Ausreisen aus Deutschland war für sie nach wie vor nicht möglich. Zwar gelang es ihrer Schwester Anna Grote, für Heyer-Grote eine offizielle Einladung der Gemeinde Rüschlikon für einen drei monatigen Aufenthalt in der Schweiz zu erhalten[144]. Beim Einreichen ihres Gesuchs für eine Ausreisebewilligung, wurde ihr aber (Mai 1947) mitgeteilt, dass sie, aufgrund ihres momentanen Gesundheitszustandes, keine Ausreise erlangen könne. Daraufhin bat Heyer-Grote Dani und Daisy Brody sowie Olga Fröbe-Kapteyn, ein Schreiben an

---

sie, aufgrund gesundheitlicher Beschwerden, einen Kuraufenthalt in der Schweiz brauche. Erst 1948 erhielt sie wieder einen gültigen Reiseausweis. UB Basel, NL 335, A Ib 4 (Angaben zum Rückbürgerungsgesuch); A Ic 1 ("Notizen zu BIOS"); A IIa 6 (Brief von den Geschwistern Anna und Fritz Grote an ihre Schwester Lucy Heyer-Grote, 4. 4. 1943); C I 2, 16 (Brief von Fritz Grote an seine Schwester Lucy Heyer-Grote, 5. 4. 1943); C I 3, 2. Zitiert aus: UB Basel, NL 335, A Ic 8 (Brief von Heyer-Grote, 2. 5. 1981).

[143] UB Basel, NL 335, C I 3, 2.

[144] Heyer-Grote überlegte, nicht die ganzen drei Monate in der Schweiz zu verbringen, sondern diese Aufenthaltsmöglichkeit auch für einen Besuch bei den Brodys in Lugano zu nützen. UB Basel, NL 335, C II 9, 60.

den Kontrollrat zu schicken, aus dem hervorgeht, dass sie ausreisen muss, da sie in der Schweiz einen Vortrag halten müsse[145]. Trotz aller Bemühungen erhielt sie im August 1947 den negativen Entscheid des Kontrollrats, – ihr wurde eine Ausreise nicht erlaubt[146].

Als sie sich Ende Januar 1948 beim Schweizer Konsulat nach ihrer Ausreisechance in die Schweiz erkundigte, wurde ihr erklärt, dass sie nur zur Erholung bei Krankheit in die Schweiz einreisen könne[147]. Am 13. September 1948 konnte sie endlich ihre Schwester Anna Grote in Rüschlikon besuchen. Während ihrer Reise durch die Schweiz sah sie *„wohlgenährte und frisch gekleidete Menschen"* und saubere Häuserfassaden. Für sie war dies wie

---

[145] UB Basel, NL 335, C II 9, 63 (Brief von Heyer-Grote an Daisy Brody, 14. 5. 1947).

[146] Mitte Juli 1947 lief zudem das Schweizer Visum ab. Ihre Freundin Dais Brody schlug Heyer-Grote vor, entgegen Heyer-Grotes Entscheid, mit dem Beantragen einer Ausreiseerlaubnis nicht bis zur nächsten Eranos-Tagung zu warten. Schliesslich könne sie ja auch, wenn gerade keine Eranos-Tagung stattfinde, ihre Familie und Freunde in der Schweiz besuchen. UB Basel, NL 335, C I 3, 6; C II 9, 63; C II 9, 67 (Brief von Daisy Brody an Heyer-Grote, 29. 9. 1947).

[147] UB Basel, NL 335, A Ic 9 (Verschiedenes, hier Eintrag vom 1. 2. 1948).

ein Kulturschock, denn sie fragte sich, wieso die so gut lebenden Schweizer nicht den, vom Krieg geschädigten,
darbenden Menschen in Deutschland helfen. Aufgrund einer schweren Erkältung konnte sie sich aber nicht so sehr
über ihre Ausreise in die Schweiz freuen. Ihre Schwester
Anna Grote, bei welcher sie ein paar Tage verbrachte,
nahm sich extra am Arbeitsplatz frei und kümmert sich um
ihre erkältete Schwester Heyer-Grote[148]. Während ihres
Aufenthalts in der Schweiz konnte sie endlich das Rückbürgerungsgesuch stellen, doch aufgrund der abgelaufe-
nen Frist, wurde ihr erklärt, dass sie mit keinem positiven
Entscheid rechnen dürfe[149].

Erst dank eines neuen Bundesgesetzes über Erwerb und
Verlust des Schweizerbürgerrechts (eingeführt am 29.

---

[148] Zitiert aus: UB Basel, NL 335, A Ic 5 (Schweizerreise 1948;
Jan. 1949 in Göppingen).
[149] Vor ihrer Reise (Sept. 1948) liess sie sich im Februar 1948
vom Schweizer Konsulat die nötigen Fragebogen für ein Ein-
reisegesuch geben. Zwei Jahre später reiste sie (nach einem
kurzen Besuch bei ihren Geschwister Edith und Werner Grote)
wieder nach Bern (16. Oktober 1950), um sich dort über ihre
Einbürgerungsmöglichkeiten zu informieren. UB Basel, NL
335, A Ib 4 (Angaben zum Rückbürgerungsgesuch); A Ic 9
(Verschiedenes, Einträge von 7. 2 - 9. 2. 1948); A Ie 7 (Einträge von 11. und 16. Okt. 1950).

September 1952), durfte auch Heyer-Grote sich wieder in Basel niederlassen[150]. Dank diesem Gesetz konnten die Frauen neu bei Heirat mit einem Ausländer eine Erklärung abgeben, um das eigene Schweizerbürgerrecht zu behalten. Da bis 1952 Frauen bei Heirat eines Ausländers automatisch ihre Staatszugehörigkeit verloren und die des

---

[150] So zog sie im Oktober 1953 mit ihrer Schwester Anna Grote zusammen in die St. Jakobs-Strasse 103. Drei Jahre später zog Anna Grote, aufgrund ihrer altersbedingten Probleme, in ein Pflegeheim. Dort wurde sie 1958 aufgrund einer Krebserkrankung bettlägerig und pflegebedürftig. Im Oktober 1958 starb Anna Grote im Alter von 85 Jahren. UB Basel, NL 335, A Ia 3; A Ia 5; A Ib 4 (Bestätigung des Polizei-Departement); A Ic 1 (Notizen zu BIOS"); A Ic 5 (Tagebuchblätter v. 1956); A Ic 7 (Brief von Heyer-Grote an K. Weizs, 23. 4. 1976); A Ie 8; A Ie 26 (Eintrag vom 5. 10. 1953); A Ie 30 (The Illustrated Birthday Text Book. Longwellow); C I 1 (Zum Leben von Anna Grote); C II 61 (Brief von Heyer-Grote an Robert Oboussier, 29. 7. 1953). StABS, H43, (Adressbuch der Stadt Basel und der Gemeinden Riehen und Bettingen 1953, 85. Band, S. I./ 319, 1. Spalte; Adressbuch der Stadt Basel und der Gemeinden Riehen und Bettingen 1954, 86. Band, S. I./ 188). Bundesgesetz über Erwerb und Verlust des Schweizerbürgerrechts. In: Bundesblatt, Heft 40, Band III., 30. 11. 1952, S. 137-151, zu finden auf: https://www.amtsdruckschriften.bar.admin.ch/viewOrigDoc/10038030.pdf?id=10038030, letzter Zugriff: 2. 11. 2018. Studer, Brigitte/ Arlettaz, Gérald/ Argast Regula: Das Schweizer Bürgerrecht. Erwerb, Verlust, Entzug von 1848 bis zur Gegenwart, Zürich 2008, S. 13.

Mannes annahmen, wurde allen geschiedenen oder verwitweten ehemaligen Schweizerinnen, die ihr Bürgerrecht durch Heirat vor dem 1. Januar 1953 verloren hatten, die Gelegenheit gegeben, ein Gesuch für eine Wiederaufnahme ins "Schweizerbürgerrecht" zu stellen. Einzige Bedingung für das Gesuch einer Wiederaufnahme war, einen Wohnsitz in der Schweiz zu haben[151].

5. 2 Ihre Arbeit

Wie bereits im Kapitel 4. 1. 2 Affären ausgeführt, ist unklar, ob sie bereits vor August 1933 von ihrem Mann getrennt lebte oder erst ab dem Zusammenziehen mit ihrer Schwester Edith Grote im August 1933[152]. Vor allem hatte

---

[151] Dies galt nur für das Schweizerbürgerrecht. Noch bis 1981 konnte eine Frau ihr Kantonales Bürgerrecht verlieren, wenn sie einen Mann aus einem anderen Kanton heiratete. D. h., wenn eine Bernerin einen Basler heiratete, galt sie nicht mehr als Bernerin, sondern als Baslerin! Bundesblatt 1952, S. 141. Studer/Arlettaz 2008, S. 15, 29, 77, 106, 222.

[152] Für G. R. Heyer war die Zusammenarbeit mit Heyer-Grote stets wichtig. So schrieb er in seinem Lebenslauf während dem zweiten Weltkrieg: *„Frau Heyer hat diesen Zweig unserer gemeinsamen Arbeit seitdem auch selbständig weiter ausgebaut und ist, wie man wohl sagen kann, gründend und führend hierfür geworden. (…) besteht diese enge und fruchtbare berufliche Verbindung von uns fort."* Zitiert aus: UB Basel, NL 335, D IV 7 (Lebenslauf von G. R. Heyer).

sie nun ihre eigene Praxis (s. S. 35), in welcher sie über-
wiesene Patienten mittels Zeichnungen (von Patienten an-
gefertigt) und Traumdeutungen analysierte, um deren unbewusste Probleme zu Tage zu fördern. Mit ihrer Schwester Edith Grote behandelte sie die Patienten mit Atem- und
Bewegungstherapie[153].

So gaben die beiden Schwestern beispielsweise vom 31.
7. bis 12. 8. 1933 einen Kurs für Heilgymnastinnen, in welchem sie die körperlichen Heilmethoden (Massage, Atmung, Gymnastik unter psychologischen Gesichtspunkten) thematisierten[154]. An zahlreichen GEDOK Abenden
(Bund der Gemeinschaften Deutscher und Österreichischer Künstlerinnen) gaben sie Einblick in ihre verschiedenen Kursangebote (Turnübungen im Rhythmus, Ge-
sundheitsgymnastik für Kinder und Atemgymnastik mit

---

[153] UB Basel, NL 335, A IIb 6 (Über das Bilderzeichnen).
[154] Auch vom 3. Februar bis 31. März 1936 gaben sie einen
"Lehrkursus", in welchem sie in kleinen Arbeitsgemeinschaften
ihre Arbeitsmethoden, mit dem Ziel, den Einfluss auf den Körper, wie auch auf die Psyche des Menschen, aufzuzeigen. Unter anderem wurden hierbei auch die Atmung, Stimmbehand-
lung und Bildzeichnen thematisiert. UB Basel, NL 335, A IIb 5
("Lehrkursus 1936"); A IIb 7 (Brief von Heyer-Grote, Rückseite).

Stab) und thematisierten die Grundlage und Hauptauf-
gabe der "deutschen Gymnastik"[155].

Mit dem Beginn des zweiten Weltkriegs mussten die beiden Schwestern ihre Tätigkeit als Bewegungstherapeutin-
nen für Menschen mit Problemen (Kinder wie auch Erwachsene) vorerst aufgeben. Heyer-Grote wechselte an
das Deutsche Institut für Psychologische Forschung und
Psychotherapie[156].

5. 2. 1 Deutsches Institut für Psychologische Forschung und Psychotherapie

Bereits im Mai 1936 wurde das Deutsche Institut für Psychologische Forschung und Psychotherapie in Berlin (unter Ausschluss jüdischer Analytiker aus der Deutschen

---

[155] Die Gedok-Abende fanden u. a. am 22. November 1934
und am 1. Dezember 1936 statt. Ihre Schwester Edith Grote
führte mit ihren Schülerinnen Atemgymnastik mit dem Stab
vor. UB Basel, NL 335, A IIb 2 (Text über Gymnastikabend der
"GEDOK" am 22. 11. 1934" für Münchner Zeitung von G. M;
Hamm, F.: Ein Tanzabend der Gedok. Münchener Gymnastikschulen führen vor... In: Volk. Beobachter, 24. 11. 1934; Flyer
der Gedok "Wege und Wirkung Deutscher Gymnastik"; Karko-
sch, Konrad: Gymnastikabend der Gedok. In: Völ. Beobachter,
4. 12. 1936).
[156] UB Basel, NL 335, A Ic 6 (Brief von Heyer-Grote, 7. 5.
1972).

Psychoanalytischen Gesellschaft (DPG), sowie Aufbau einer psychotherapeutischen Reichsorganisation und Über-
nahme des Berliner Psychoanalytischen Instituts) gegründet. Heyer-Grote übernahm bei der Zweigstelle Bayern, in
München (neben Leonhard Seif, Leiter der Zweigstelle
München) eine leitende Funktion, die sie bis 1944 innehatte. Daneben befasste sie sich mit der Ausbildung von
Psychotherapeuten. Darüber tauschte sie sich auch mit ihrem Exmann G. R. Heyer aus, der als Vorsitzender der
Abteilung "Behandelnde Psychologen" am Institut für Psychologische Forschung und Psychotherapie in Berlin u. a.
für die Ausbildung nichtärztlicher Psychotherapeuten zuständig war[157]. Ab 1941 unterrichtete sie in diesem Institut
Lehr- und Kontrollanalysen[158]. Angehenden Psychothera-

---

[157] UB Basel, NL 335, C I 5, 65 (Brief von Heyer-Grote an G.
R. Heyer, 15. 2. 1940); C I 5, 66 (Brief von G. R. Heyer an
Heyer-Grote, 18. 2. 1940). Lockot 1985, S. 199. Dietrich 1995,
S. 49.
[158] Das Institut wurde von Matthias Heinrich Göring (*1870-
†1945), dem Vetter von Reichsmarschall Hermann Göring, geleitet. Die Zweigstelle entstand 1939. Leonhard Seif wurde
1943 durch Otto Curtius als Leiter abgelöst. Auf der Mitgliedsliste von 1940 ist neben G. R. Heyer und Lucy Heyer-Grote
auch die zweite Frau Heyers, Zoe Heyer aufgeführt. G. R.

peuten versuchte sie ihre Arbeitsvorgehensweise (den Patienten Zeichenkurs geben, deren Träume deuten und sie Gymnastik machen lassen) näher zu bringen. In einem Lehrerseminar am 12. Juli 1940 berichtete sie über ihre Erfahrungen mit einem Zeichenkurs mit Patienten. In dem Zeichenkurs konnten die Patienten etwas zeichnen, ohne im Voraus zu wissen, was für ein Bild im Endeffekt entsteht (Zeichnen aus dem Unbewussten) oder versuchen, ihre Träume zeichnerisch festzuhalten. Während ein Traum nur eine Reaktion auf das Alltagsleben sei und meist ak-

---

Heyer war ab 1939 Vorsitzender der Abteilung "Behandelnde Psychologen". Er führte an diesem Institut die Abteilung "Atemschulung, Bewegung, Musik" ein und förderte damit auch die psychotherapeutische Weiterbildung von Atemtherapeuten. Vorsitzender des internationalen Dachverbandes "Allgemeine ärztliche Gesellschaft für Psychotherapie" war von 21. 6. 1933 bis 1940 C. G. Jung. UB Basel, NL 335, A la 1 (Lebenslauf); A la 3; A la 5 (Protokoll der Zweigstellensitzung München, 28. 6. 1943); D VII 1 (Mitgliedsliste des Deutschen Institutes für Psychologische Forschung und Psychotherapie e. V. in Berlin; Generalversammlung, Aussprache mit den Vertretern der Zweigstellen, 10. 4. 1943). Akademie für Psychoanalyse und Psychotherapie München: Die Geschichte der Akademie Für Psychoanalyse und Psychotherapie. Zu finden auf: https://psychoanalyse-muenchen.de/geschichte#historische_wurzeln, letzter Zugriff: 3. 10. 2018. Dietrich 1995, S. 48-52. Lockot 1985, S. 7, 12, 61, 79, 108, 188.

tuelle, akute Dinge zeige, könne ein Bild auch über grund-
legende Problematik informieren. Zudem könne das
Zeichnen für den Patienten auch ein Ablassventil sein. Bei
der Analyse des Bildes wird nicht nur auf Inhalt, sondern
auch auf Farbwahl, Technik, Strichart, Format und Raum-
einteilung geachtet[159]. Durch die Deutung des Traumes
kann der Patient das Problem erkennen und sich damit
beispielsweise mittels Gymnastik auseinandersetzen[160].
Sie gab an diesem Institut für Psychologische Forschung
und Psychotherapie auch Atemkurse, bei welchen sie in
sechs Stunden verschiedene Aspekte, wie theoretische
Grundlagen, Bedeutung des Atems, praktische Versuche
mit Zwerchfellbewegung und Entspannungsvorstellung,
Flankenatmung und verschiedene Atemtypen, Atemtechniken und Atemanreize, zu vermitteln versuchte[161].

---

[159] Das Unterbewusstsein zeigt sich über Bilder im Traum. UB
Basel, NL 335, A IIb 6 (oranges Couvert "Chronik 1939-1945:
Psychologischer Arbeitskreis", (15 Seiten), hier S. 10, Vorderseite bis 15, Vorderseite; Über das Bilderzeichnen).
[160] UB Basel, NL 335, B3.
[161] UB Basel, NL 335, A IIb 12 (rosaroter Zettel "Atemkursus
1944 Jan.")

1944 wollte Heyer-Grote sich an der Münchner Universität für Psychologie immatrikulieren lassen, um noch in Psychologie promovieren zu können. Mit einem Doktortitel hätte sie als Frau sicherlich mehr Anerkennung für ihre Arbeit geerntet und wäre weniger auf Überweisung von Patienten durch Ärzte angewiesen gewesen. Da sie bereits 12 Semester studiert hatte, musste sie zusätzlich ein Gesuch einreichen, in welchem sie ihre Beweggründe für eine Wiederimmatrikulation darlegen musste. In ihrem eingereichten Gesuch (Mai 1944) gab sie an, dass sie nach dem Zusammenbruch 1918 für den Lebensunterhalt ihrer Familie hatte mitsorgen müssen und aufgrund dessen dazumal ihr Studium (klassische Philologie und alte Geschichte) nicht mehr hatte abschliessen können. Weiter schrieb sie: *„Ich übe, nach Ausbildung bei Prof. Dr. C. G. Jung in Zürich, seit 12 Jahren eine Praxis als Psychotherapeutin aus. (…) Auch das Reichsinstitut für Psychologische Forschung und Psychotherapie, dem ich angehöre und von dem ich einen Forschungsauftrag habe, würde ei-*

nen akademischen Abschluss meiner fachwissenschaftlichen Arbeit begrüssen (...)[162]." Nach ihrem Gesuch forderte die Universität München sie auf, alle Studiennachweise, sowie die Nachweise über ihre Tätigkeit als Rot-Kreuz-Schwester einzureichen und anzugeben, wie viele Semester sie bis zu ihrem Studiumsabschluss brauche[163]. Aufgrund fehlender Unterlagen (weder eine Ablehnung, noch eine Zusage der Universität Münchens ist vorhanden) ist unklar, wieso Heyer-Grote ihren Doktor in Psychologie nicht mehr machte. Fakt ist, dass sie an der Universität München nicht immatrikuliert wurde, da weder Semesterbelege noch Zeugnisse existieren und sie auch nicht in den Studentenverzeichnissen der Universität München (1944 und Folgejahre) aufgeführt wird[164].

---

[162] Zitiert aus: UB Basel, NL 335, A lb 3 (Aufforderung der Universität München für Nachweise und Studiumlänge, vom Juni 1944).

[163] UB Basel, NL 335, A lb 3.

[164] In einem Brief an eine Frau Kast (damalige Präsidentin der Schweizerischen Gesellschaft für Analytische Psychologie) schrieb sie, dass sie nie eine Dr. Prüfung gemacht hat. UB Basel, NL 335, D VII 3 (Brief von Heyer-Grote an Frau Kast, Präsidentin der Schweizerischen Gesellschaft für Analytische Psychologie, 24. 1. 1980). Studentenverzeichnisse d. Universität München 1826-1946.

Im Juni 1945 machte Heyer-Grote mit Mark Meyer Pläne zur Wiederaufnahme der Institutsarbeit. Doch wie es scheint, sah sie sich mit dem Ende des Zweiten Weltkriegs (Sept. 1945) nach einer anderen Arbeitsstelle um[165]. So empfing sie (bis August 1946) auch Patienten in ihrer Münchner Wohnung[166]. Nach einem Stellenangebot von Prof. v. Weizsäcker (Juli 1946) in Heidelberg, reicht sie am 28. Juli 1946 beim Wohnungsdezernat in Heidelberg ein Gesuch ein, von München nach Heidelberg ziehen zu dürfen. So schrieb sie: *„Ich habe eine 15-jährige Praxis hinter mir, bin durch mehrere Veröffentlichungen auf meinem Arbeitsgebiet bekannt und gehöre seit 1943 hier in München*

---

[165] Nach dem zweiten Weltkrieg konnten Vereine nur neu oder wiedergegründet werden, nachdem dies von den Siegermächten genehmigt wurde. Am 8. Februar 1946 erlaubte die amerikanische Militär-Regierung die Gründung des Münchner "Instituts für Psychologische Forschung und Psychotherapie" unter der Leitung von Max Steger. Heyer-Grote jedoch, scheint nach dem Weltkrieg nicht mehr dort gearbeitet zu haben. UB Basel, NL 335, A le 26 (Eintrag vom 5. 6. 1945). Lockot, Regine/ Bergmann, Hans: Überblick über die Gründungsgeschichte der DGPT (Deutsche Gesellschaft für Psychoanalyse, Psychotherapie, Psychosomatik und Tiefenpsychologie), 2015.

[166] Aus gesundheitlichen Gründen behandelte sie ab August 1946 bis zu ihrer Festanstellung in Göppingen keine Patienten mehr. UB Basel, NL 335, C I 1 (Brief von Heyer-Grote, 4. 6. 1946); C II 54, 8 (S. 1, Rückseite).

dem Lehrkörper des Instituts für Psychologische For-
schung und Psychotherapie an, wo ich auch Vorlesungen
halte. Die einzige bisher in Heidelberg praktisch, d. h. im
Hauptberuf therapeutisch tätige Psychologin Frau Anne-
marie Sänger, (…), kann den in Heidelberg und seiner wei-
teren Umgebung sich ergebenden psychotherapeutischen
Anforderungen in keiner Weise mehr gerecht werden, (…).
Die Notwendigkeit eines weiteren psychotherapeutischen
Praktikers wird durch Beiliegende Zeugnisse bestätigt. Po-
litisch bin ich unbelastet, und ich möchte München nur aus
persönlichen Gründen verlassen. Auf eine eigene Woh-
nung erhebe ich keinen Anspruch. Als alleinstehende Frau
würden mir 1-2 Zimmer genügen. (…)[167]"

Schliesslich erhielt sie im Herbst desselben Jahres auch
vom Chefarzt Dr. Paul Krauss und dem wirtschaftlichen
Leiter der Christophsbad-Klinik eine Stelle in Göppingen

---

[167] Weizsäcker wollte ein Universitätsinstitut aufbauen, welches nur Mediziner (u. a. Küttemeyer, Mitscherlich und Hüb-
schmann) beschäftige. Da er aber für sein Vorhaben auch
Psychotherapeuten benötigte, fragte er Heyer-Grote ob sie Interesse hätte, bei ihm mitzumachen. UB Basel, NL 335, A IIc 3
(Heidelberg, Aufenthalt 29. 6. – 3. 7. 1946). Zitiert aus: UB Basel, NL 335, A Ib 4 (Gesuch an das Wohnungsdezernat in Heidelberg, 28. 7. 1946).

angeboten, welche sie annahm. Woher Heyer-Grote Krauss kannte, ist unklar und wieso er sich entschied, ihr eine Stelle anzubieten, ebenfalls. So schien es auch für sie wie eine Überraschung gewesen zu sein. Nach Heyer-Grote waren der Chefarzt sowie der wirtschaftliche Leiter der Klinik weitläufig mit ihr verwandt[168]. Mit ihrer Abreise nach Göppingen überliess sie ihre Münchner Wohnung der Familie ihres Sohnes und trat am 23. Februar 1947 ihre neue Arbeitsstelle im Christophsbad an. Nach ihrem Münchner Dasein, kam ihr Christophsbad wie das Paradies vor. Überall war es beheizt, sauber, und sie erhielt das Essen auf dem Tisch serviert[169]. So hielt sie fest, dass sie nicht mehr in einer "freien privaten Praxis" arbeiten möchte, da ihr die klinische Arbeit im Christophsbad zu

---

[168] In ihrem Brief an Lockot schrieb sie, dass es für sie ein Wunder war, eine Stelle als Psychotherapeutin in der Nervenklinik Christophsbad zu bekommen. UB Basel, NL 335, A Ic 9 (Rundbrief, hier 23. 2. 1950). Brief von Heyer-Grote an R. Lockot, 5. 9. 1980 (Kopie von Dr. R. Lockot bereitgestellt am 11. 11. 2018, S. 2).
[169] Am 23. Februar 1947 besprach sie mit Dr. Krauss ihre Arbeit. UB Basel, NL 335, A Ia 1 (Lebenslauf); A Ia 3; A Ia 5; A Ie: 4 (Einträge von 21. und 23. Feb. 1947); A Ic 9 (Verschiedenes, Eintrag vom 21. 2. 1948; Rundbrief, hier 23. 2. 1950).

sehr gefällt[170]. Hätte sie aber sich entschieden, nicht in Göppingen zu bleiben, wäre sie vielleicht nach Heidelberg gezogen, um dort bei Herr Prof. v. Weizsäcker an seinem Universitätsinstitut mitzuarbeiten oder hätte Dr. Zilligs Anfrage für eine Zusammenarbeit nachgegeben[171].

Heyer-Grote sah es als Herausforderung, im Christophsbad zu arbeiten. Zum einen sollte sie für die Behandlung der Patienten nicht zu viel Zeit aufbringen, zum anderen (als ärztliche Assistentin) dort mittels Vorträge und Erfahrungsberichte die Tiefenpsychologie einführen, und Ärzte

---

[170] Um in Heidelberg genug zu verdienen, hätte sie dort eine Privatpraxis eröffnen müssen. Aufgrund ihrer Gesundheit, sowie der Freude an der Arbeit im Christophsbad, sah sie aber Heidelberg nicht mehr als Option an. UB Basel, NL 335, C II 82, 2 (Brief, Abschrift, von Heyer-Grote an Doktor Zillig, 9. 3. 1947).

[171] Auch ein Dr. Zillig aus Bamberg hätte Interesse an einer Zusammenarbeit mit Heyer-Grote gehabt. So fragte er sie Anfang 1947 und im Juli 1947 schliesslich erneut. Am 8. September 1947 antwortete sie auf seine erneute Anfrage (Juli) und schlug sein Angebot für eine Zusammenarbeit aufgrund ihrer angeschlagenen Gesundheit aus. Die briefliche Anfrage für eine Zusammenarbeit von Doktor Zillig, welche zwei Monate vor ihrer Antwort am 8. 9. 1947 bei ihr ankam, scheint nicht mehr vorhanden zu sein. Dementsprechend ist auch unklar, welche Art von Zusammenarbeit ihr angeboten worden ist. UB Basel, NL 335, C II 54, 8; C II 82, 2; C II 82, 3 (Brief von Heyer-Grote an Doktor Zillig, 8. 9. 1947).

mit ihrer Arbeit bekannt machen. Zu ihrer Arbeit mit Patienten schrieb sie, dass sie, aufgrund der begrenzten Behandlungszeit keine grossen Analysen mehr machen konnte, da sie dafür mehrere Monate gebraucht hätte. So musste sie sich nun bereits in der ersten Stunde klar machen, wo und in welcher "Tiefenschicht" die Therapie beim Patienten ansetzen sollte. Obwohl sie weniger Zeit für die Behandlung aufwenden durfte, hatte sie in der Behandlungsmethode freie Hand. In ihrer "kleinen Psychotherapie", wie sie ihre dortige Behandlungsarbeit nannte, wandte sie bei ihren Pateienten neben Atem- und Bewegungstherapie, Hypnose, Suggestionstherapie, Autogenes Training und Nervenpunktmassage an[172]. Nach Heyer-Grotes Aussage, wurde für sie vor allem die Atemtherapie während ihrer Arbeit in Göppingen (Christophsbad) sehr wichtig. Sie wendete die Atemtherapie (in Zusammenarbeit mit den Ärzten) bei Asthma bronchiale, Stottern, Kreislaufstörungen, Problemen im Verdauungstrakt, in den Nieren, Blasen, im Bereich der Gynäkologie,

---

[172] UB Basel, NL 335, A Ib 4 (Arbeitszeugnis vom Christophsbad Göppingen, 24. 12. 1953); A Ic 9 (Rundbrief, hier 23. 2. 1950; Verschiedenes, Eintrag vom 21. 2. 1948); C II 9, 60; C II 54, 8 (S. 1, Vorderseite).

nervösen Zuständen, Schlaflosigkeit, aber auch Veränderungen der Körperhaltung und Rückenschmerzen an[173].

Über die Ärzte im Christophsbad und deren Einstellung zu ihrer (Heyer-Grotes) Arbeit schrieb sie: *„(...) denn die damalige Psychiatrie ganz allgemein wollte mit Psychologie und insbesondere mit der suspekten Psychologie des Unbewussten (Freud und Jung) nichts zu tun haben. So stand nur Paul Krauss, der Chefarzt, der mich ja gerufen hatte, hinter mir. (...)"* und *„Der Chefarzt, der mich hergerufen hat, steht zwar zur Psychotherapie, aber die übrigen Ärzte müssen erst "aufgeklärt" und hoffentlich gewonnen werden[174]."*

Während ihrer Arbeit im Christophsbad wurde sie zunehmend überschwemmt mit Anfragen für die Durchführung von Analysen. So schrieb sie: *„Leider verbreitet es sich allmählich, dass ich hier zu finden bin, und so bekomme ich ausser durch Überweisung unserer hiesigen Ärzte (...) auch aus allen möglichen Ortschaften Anfragen wegen*

---

[173] Die Atemtherapie sei aber auch in der Neurologie bei Multipler Sklerose gut. UB Basel, NL 335, B1 (1953-1954, Für die Praxis, S. 411-414).

[174] Erstes Zitat im Haupttext aus: UB Basel, NL 335, A Ie 26 (Eintrag vom 29. 9. 1983). Zweites Zitat im Haupttext aus: UB Basel, NL 335, C II 54, 8 (S. 1, Vorderseite).

Analysen. Ich muss mich dabei nur wundern, wieso ich be-
kannt so bin, woher ich diese Reputation habe und womit
ich sie mir verdient haben soll. Und komme zu dem
Schluss, dass es eben doch die Namensgleichheit mit
Gust ist, von dessen Ruf und Ruhm ein Abglanz auf mich
fällt[175]."

Wenngleich sie in Göppingen viel zu tun hatte, gelang es ihr dennoch, auch ihrer Lieblingsfreizeitbeschäftigung nachzukommen und sich hin und wieder ans Klavier zu setzen[176].

In einem Rundbrief an ihre Freunde (Februar 1950) äusserte sie sich missmutig darüber, dass sie nur vier Wochen Ferien im Jahr nehmen kann. Dies sei zu wenig Zeit, um die Familie und Eranos-Tagung zu besuchen, gerade da allein für die Tagung eine Woche darauf ginge[177]. Noch im selben Jahr liess sie sich für mehr als vier Wochen frei geben. So geht aus ihrer Agenda von 1950 hervor, dass sie ab dem 20. August bis und mit 31. Dezember 1950 nicht arbeitete und immer unterwegs war. Auch das Jahr darauf

---

[175] Zitiert aus: UB Basel, NL 335, A Ic 9 (Verschiedenes, Eintrag vom 21. 2. 1948).
[176] UB Basel, NL 335, A Ic 9 (Rundbrief, hier 23. 2. 1950).
[177] Ebd.

(1951) arbeitete sie lange nicht. Während dieser arbeitsfreien Zeit war sie mehrmals in Ascona (unter anderem für die Eranostagung im August 1950, aber auch für Untersuchungen an ihrem Herzen), besuchte ihre Geschwister Edith und Werner in Basel, holte sich in Bern Informationen zur Einbürgerung in die Schweiz und reichte ein Rückbürgerungsgesuch ein[178]. Erst im März 1951 scheint sie wieder Kontakt zu ihrem Vorgesetzten Krauss (Chefarzt) aufgenommen zu haben, vorerst um ihm, aufgrund seines Verlustes (Tode seines Vaters) zu kondolieren, aber auch um eine Verlängerung ihres Urlaubes zu erhalten. Sie schrieb ihm, dass sie wegen ihrem Rheuma-Problem nun in Behandlung bei einer Ärztin in Zürich sei und diese Be-

---

[178] Im Oktober 1950 stellte der Arzt in Ascona bei ihr eine Vergrösserung des Herzens und der Aorta fest. Als sie sich vier Jahre später wieder beim Herzspezialisten in Ascona untersuchen liess, sah ihr Herz wieder besser aus. Während der Zeit 1950/1951 war Heyer-Grote auch bei einer Ärztin für ihren Rücken in Behandlung. Die Ärztin empfahl ihr für ihre Gesundheit, wegen dem feuchten und kühlen Klima, nicht mehr nach Ascona zu gehen. UB Basel, NL 335, A Ib 4 (Angaben zum Rückbürgerungsgesuch); A Ie 7 (Einträge von 6. April bis 9. Juli 1950, 15. August bis 31. Dez. 1950); A Ie 8 (Einträge von 23. und 25. Jan. 1954).

handlung Zeit beanspruche, sodass sie aufgrund ihrer Gesundheit frühestens im Mai (1951) wieder in die Klinik zurückkommen könne. Dementsprechend würde sie es auch verstehen, wenn er nun einen jüngeren Ersatz für ihre Stelle in der Klinik suchen würde. Der Chefarzt Krauss äusserte sich daraufhin in seinem Brief besorgt um ihre Gesundheit und verständnisvoll für ihre Situation. Er schrieb: *„Die Nachricht über deinen Gesundheitszustand (…) ich kann mir denken, welche Enttäuschung diese gesundheitliche Erfahrung für Dich gewesen ist und wie schwer es Dir geworden ist, um eine weitere Verlängerung Deines Urlaubes zu bitten, Nachdem wir uns nun mehrere Monate hindurch beholfen haben, tun wir es eben für zwei weitere auch noch. Ich halte es weder für Dich noch das Haus richtig, dass wir eine andere Entscheidung treffen, wenn noch die Aussicht besteht, dass Du in gesundheitlich guter Verfassung zurückkehren kannst. (…)*[170]“

In ihrem letzten Jahr am Christophsbad (1952) gab sie an einer Psychiatrie-Tagung, anlässlich der Jahrhundertfeier

[179] UB Basel, NL 335, C II 51, 1 (Brief von Heyer-Grote an Paul Krauss, 1. 3. 1951)
Zitiert aus: UB Basel, NL 335, C II 51, 2 (Brief von Paul Krauss an Heyer-Grote, 6. 3. 1951).

der Klinik (27. Juni), Einblicke in ihre dortige Tätigkeit und versuchte klar zu machen, dass die Mitarbeit eines Tiefenpsychologen bei neurotischen Patienten für den Arzt nur von Vorteil sei[180].

Als sie schliesslich im Spätherbst 1952 ihre Stelle im Christophsbad verlässt, ist unklar ob sie entlassen wurde, oder ob sie ihre dortige Arbeitsstelle selber gekündigt hat. Als Grund für die Aufgabe ihrer Arbeit in der Klinik wurden gesundheitliche Probleme angegeben[181].

Im Oktober 1952 bat ein Dr. Speer Heyer-Grote, an der 4. Lindauer Psychotherapiewoche (27. April bis 2. Mai 1953) teilzunehmen, um über die Zusammenhänge zwischen rhythmischer Gymnastik und Psychotherapie zu referieren. Dabei entschuldigte er sich bei Heyer-Grote über seine unfreundlichen Äusserungen zu nicht-ärztlichen

---

[180] UB Basel, NL 335, A IIc 1 (P. Schumm: Psychiatrie in Vergangenheit und Gegenwart. In: NWZ (Nordwestzeitung), 28. 6. 1952).

[181] Leider gab mir das Christophsbad (aufgrund von Datenschutzgründen) keine Auskunft über Heyer-Grote. Müller, Nicole, Sekretariat der Geschäftsführung im Klinikum Christophsbad: Mail betreffend Arbeit von Lucy Heyer-Grote im Christophsbad in Göppingen, 25. 9. 2018. UB Basel, NL 335, A Ia 3; A Ia 5; A Ic 1 ("Daten zu meinem Leben"); C II 64, 5.

Psychotherapeuten: *„Zwar weiss ich von G. R., dass Sie eine, na, sagen wir mal elementare Wut auf mich haben, weil ich die nichtärztlichen Psychotherapeuten so unfreundlich behandle. (…) Da Sie natürlich das Recht darauf haben, bezüglich besagten nichtärztlichen Psychotherapeuten etwas Versöhnliches von mir zu hören, bekenne ich offen und ehrlich, dass ich beim Schreiben so furchtbarer Dinge noch nie an Sie gedacht habe. (…)*[182]"

In ihrem Antwortschreiben vom 2. Januar 1953 schrieb sie: *„Um diese alten Schatten zwischen uns aber aus der Welt zu schaffen, bevor wir in eine Mitarbeit treten, muss ich Ihnen doch sagen, dass es nicht die allgemeine Verurteilung der nichtärztlichen Psychotherapeuten ist, die ich Ihnen verarge – wer von uns dürfte sich rühmen von Verallgemeinerungen frei zu sein! -, sondern dass sich diese Ablehnung zeitweise ganz dezidiert gegen mich persönlich gewendet hat. Das wissen Sie vielleicht nicht mehr. Wir armen verachteten Nichtärzte sind aber in diesem Punkt etwas allergisch und deshalb weniger vergesslich –*

---

[182] Zitiert aus: UB Basel, NL 335, A IId 1 (Brief von Dr. Speer an Heyer-Grote, 12. 10. 1952).

was ja vielleicht wiederum ein Beweis für unsere Minder-
wertigkeit sein mag! (...) so lassen Sie uns das Kriegsbeil
begraben[183]." Es gibt keine weiteren Aufzeichnungen, o-
der andere frühere Korrespondenzen mit Speer in ihrem
Nachlass, aus welchen hervorgeht, wann oder wo er diese
Äusserungen gemacht hatte und wie weit sie sich gegen
Heyer-Grote wendeten. Sie nahm an der 4. Lindauer Psychotherapiewoche als Referentin teil und thematisierte in
ihrem Vortrag "Atemtherapie in der seelenärztlichen und
klinischen Praxis" die fehlende Anerkennung oder gar Ablehnung der Atemtherapie durch Ärzte. Diese Ablehnung
komme zustande, gerade da diese Therapie von Aussens-
eitern, ausserhalb der Fachkreise, entwickelt wurde. Auch
gebe es zu wenig Atemtherapeuten mit der notwendigen
tiefenpsychologischen Orientierung[184]. Durch ihre Argu-
mentation prangerte sie zwischen den Zeilen auch die

---

[183] Zitiert aus: UB Basel, NL 335, A IId 1 (Brief von Heyer-
Grote an Dr. Speer, 2. 1. 1953).
[184] Die gekürzte Fassung ihres Lindauer-Vortrages erschien
unter dem Titel "Atemtherapie" in Graber, G. H. (Hrsg.): Der
Psychologe, Berater für Gesunde und praktische Lebensge-
staltung im Juli/August 1954. Der Herausgeber Graber lobte
Heyer-Grotes Lindauer-Vortrag. UB Basel, NL 335, A IId 1
(Brief von Heyer-Grote, 2. 1. 1953); B1 (1953-1954, Heyer,

"Geringschätzung" der Nichtärzte durch Ärzte an, was wiederum als eine indirekte Retourkutsche an Speer verstanden werden kann. Mit dem Hinweis, dass es zu wenig Atemtherapeuten mit tiefenpsychologischer Kenntnis gebe, wies sie sich selber als eine Rarität ihres Metiers aus. Schliesslich stellte sie (erstmals) klar, dass die Atemtherapie nicht nur eine Hilfstherapie sei, sondern ein selbständiges therapeutisches Verfahren, welches, sogar anstelle der analytischen Therapie ausgeführt werden könnte[185].

Lucy: Die Atemtherapie. In: Graber, G. H. (Hrsg.): Der Psychologe. Berater für Gesunde und praktische Lebensgestaltung, Sonderheft 7/8, Band VI, Schwarzenburg Juli/August 1954, S. 309-311; Atemtherapie, 1953, S. 51); C II 34, 4 (Brief von G. H. Graber an Heyer-Grote, 5. 6. 1954).
[185] Auch in ihrem späteren Atembuch gab sie ihre Überzeugung kund, dass die Atemtherapie eine selbständige Therapieform sei. UB Basel, B1 (1953-1954, Atemtherapie, 1953, S. 50). Dietrich 1995, S. 32, 74, 164. Heyer-Grote 1970, S. 17.

6. Ab 1953 bis zu ihrem Tod 1991(Rückkehr in die Schweiz)

6.1 Ihr Privatleben

Zurück in der Schweiz schien sie ihre Zeit (vor allen in den Jahren 1954 und 1958) zu geniessen. Heyer-Grote reiste viel in der ganzen Schweiz (Bspw. Kronberg, Wilderswil, Schönbühl, Lugano, Zürich) umher, war aber auch in Deutschland unterwegs. Vor allem von ihrem Ausflug ins Berner Oberland schwärmte Heyer-Grote. So schrieb sie an ihre Freunde, dass dieser Ausflug ein langersehnter und endlich in Erfüllung gegangener Wunsch gewesen sei[186].

Der Tod ihres Exmannes G. R. Heyer (23. November 1967) nahm Heyer-Grote stark mit. Bereits vor dem Telefon von Viviane Heyer (G. R. Heyers Tochter), dachte sie aufgrund der, im Radio gehörten Kindertotenlieder von

---

[186] In Deutschland war sie u. a. in Nussdorf und Heidelberg. UB Basel, NL 335, A le 8; A le 9a; A le 9b (Agenda von 1958, 2. Vierteljahr); A lc 9 (Brief von Heyer-Grote an ihre Freunde, 7. 9. 1958).

Mahler, an ihren Exmann[187].

Mit dem Tod von G. R. Heyer kam auch die Erbfrage auf. Als Heyer-Grote und G. R. Heyer sich 1933/1934 scheiden liessen, wurde ausgemacht, dass er nicht für ihren Unterhalt sorgen müsse. Dafür dürfe sie aber, falls er vor ihr sterben würde, die Hälfte der, von der Bayr. Ärztekammer zu zahlenden Witwenrente beanspruchen. Doch in seinem Testament schrieb er nirgends über Heyer-Grotes Anspruch auf die Hälfte der Witwenrente. Aufgrund dessen suchte sie den 1934, mit G. R. Heyer geschlossenen Vertrag. Da sie diesen nicht mehr fand, wandte sie sich an ihren damaligen Anwalt, aber auch dieser hatte keine Kopie mehr, da er durch die Bombardierung Münchens viele Unterlagen verloren hatte. Auch Zoe Heyer (zweite Frau Heyers) wusste nichts über die Abmachung zwischen

---

[187] Als sie an diesem Tag den Radio einschaltete, hörte sie gerade noch das Ende der Kindertotenlieder von Mahler *„und ruhest in der Mutter aus (…)"*. Dies erinnerte sie an ihre gemeinsame Studienzeit zurück, als G. R. Heyer ihr erzählte, wie sehr ihn diese Lieder ergriffen hätten. UB Basel, NL 335, A Ie 26 (Einträge von 19., 23. und 24. Nov. 1967). Zitiert aus: UB Basel, NL 335, A Ic 1 ("Notizen zu BIOS").

Heyer-Grote und G. R. Heyer[188]. Mit ihrem Anwalt wandte sie sich an das Landgericht München, welches noch die Ehescheidungsakten hatte. So schrieb ihr Anwalt (am 13. Nov. 1968) an die Bayrische Ärztekammer, um, mittels der Scheidungsakten, Heyer-Grotes Anspruch auf die Hälfte der Witwenrente geltend zu machen. Daraufhin machte die bayrische Versicherungskammer – Bayrische Ärztekammer den Anwalt darauf aufmerksam, dass Heyer-Grote als von G. R. Heyer geschiedene Frau keinen Anspruch auf die Witwenrente habe. Dies zum einen, da in ihrer befindlichen Satzung mittels eines Paragraphs festgehalten wurde, dass frühere Ehefrauen von Mitgliedern, deren Ehe geschieden wurde, beim Tod des Mitglieds keinen Anspruch auf Witwenrente haben. Zum anderen seien Vereinbarungen von Mitgliedern mit Dritten für die Anstalt nicht verbindlich. Dementsprechend ging Heyer-Grote, nachdem sie schon zu Lebzeiten ihres Exmannes (nach

---

[188] UB Basel, NL 335, A Ib 5 (Brief von Anselm Heyer an Heyer-Grote, 17. 3. 1968; Brief von Heyer-Grote an ihren Anwalt Reisinger; Brief von Zoe Heyer an Heyer-Grote, 4. 7. 1968; Brief vom Anwalt Reisinger an Anwalt Heuer, Okt. 1968; Brief von Heyer-Grote an ihren Anwalt aus der Scheidungszeit.); A Ic 6 (einzelne Zettel, Eintrag vom 23. 8. 1968).

der Scheidung) finanziell keine Unterstützung erfahren hatte, auch nach dessen Tode leer aus[189].

6. 1. 1 Heyer-Grotes Einstellung zu ihrem Exmann G. R. Heyer

Bereits 1976 wurde sie von Herrn und Frau Kindler für Informationen zum Leben ihres Exmannes G. R. Heyer, während ihrer gemeinsamen Zeit (ab Studium bis zur Scheidung 1933) angefragt[190]. Das von Frau Kindler gesandte Manuskript über G. R. Heyer korrigierte Heyer-Grote vor allem an den Stellen, an welchen sie selbst eine

---

[189] UB Basel, NL 335, A Ib 5 (Brief von Anwalt Heuer an Heyer-Grote, 7. 11. 1968; Brief von Anwalt Heuer an Bayerische Ärztekammer, 13. 11. 1968; Brief von Bayerischen Versicherungskammer-Bayerische Ärztekammer an Anwalt Heuer, 4. 12. 1968).

[190] Für ihre Psychologie-Enzyklopädie kontaktierten die Kindlers Heyer-Grote. Ziel war es, mehr Informationen zu G. R. Heyers, für eine Darstellung Heyers in der Enzyklopädie, zu bekommen. Ab 1975 dachte sie fast jedes Jahr an ihre Hochzeit mit G. R. Heyer und begann 1984 selber eine Biografie über ihn zu schreiben. UB Basel, NL 335, A Ie 12 (Agenda von 1975, Einträge von 26. Feb. und 12. März 1975); A Ie 18 (1981, Eintrag vom 12. 3. 1981); A Ie 20 (1983, Einträge von 12. und 13. März 1983); A Ie 21 (1984, Einträge von 12. März und 9. Juli 1984); A Ie 22 (1985, Eintrag vom 13. 3. 1985); A Ie 24 (Couvert 1986, Eintrag vom 12. 3. 1986); A IId 6 (Brief von Helmut Kindler an Heyer-Grote, 14. 2. 1976).

Rolle spielte. So schrieb sie beispielsweise an Frau Kindler *„Bei den "Amazonen", resp. des weiblichen Mitarbeiterkreises von H. sollte mein Name genannt werden. Ich sage das nicht aus Geltungsbedürfnis, (...) sondern weil jedermann, der diese Münchner Zeit miterlebt hat, sich bei der Lektüre wundern müsste, dass ich vor dem zweiten Krieg nicht erwähnt bin. Denn ich war es, die diese Frauen um Heyer – und übrigens auch einige Männer zusammenführte, Vorträge, Diskussionsabende und andere Zusammenkünfte in meiner Wohnung veranstaltete. Dies gilt v. a. für die Kriegsjahre, nachdem H. nach Berlin übersiedelt war. (...)"* Die von Kindler veröffentlichte Heyer Biografie gefiel Heyer-Grote sehr gut. An Frau Kindler schrieb sie unter anderem: *„ (...) Sie haben mit dieser Publikation nicht nur Heyer ein Denkmal gesetzt, sondern ein wichtiges Kapitel zur Anfangsgeschichte der Tiefenpsychologie in Deutschland beigetragen.[191]"*

Wann immer Heyer-Grote (nach dem zweiten Weltkrieg) nach ihrem Exmann gefragt wurde, verteidigte sie dessen

---

[191] Erstes Zitat im Haupttext aus: UB Basel, NL 335, A IId 6 (Brief von Heyer-Grote, 20. 11. 1976); Zweites Zitat im Haupttext aus: UB Basel, NL 335, A IId 6 (Brief von Heyer-Grote an Nina Kindler, 25. 5. 1977).

Eintritt in die NSDAP und seine Rolle während dem zweiten Weltkrieg. So schrieb sie beispielsweise 1980 an Gerhard Wehr, dass ihr Exmann aufgrund eines Missverständnisses mit C. G. Jung der NSDAP beigetreten sei. Weiter schrieb sie: *„1939 wurde er als Dozent und Lehranalytiker an das Berliner Institut berufen (...), jetzt erst trat er in die Partei ein, nutzte allerdings seine Parteizugehörigkeit dazu noch mehr als bisher, gefährdete Menschen, vor allem Juden und Geistlichen, zu helfen oder sie zu retten, wozu er als Lazarettarzt Möglichkeiten hatte. Ins Ausland kam jedoch später nur die Kunde, er sei Parteigenosse gewesen und müsse sich entnazifizieren lassen. (...) Er bekannte sich voll und ganz dazu und erklärte nicht, wie viele Andere, um sich zu exkulpieren, er habe seine Existenz retten müssen oder dergleichen. Seine offizielle Entnazifizierung war einfach, weil ihm viele gefährdete Mitbürger seine Hilfe und Unterstützung während der Hitlerzeit bezeugten. (...) Aber zu ZH und zu J. bahnte sich kein Weg mehr. H.s Bücher wurden ignoriert, er wurde nicht zitiert, die Ausbildungskandidaten des Zürcher Institutes kennen seinen Namen nicht. (...) Aber die Adoranten*

sterben schliesslich aus, und spätere Historiker der Tie-
fenpsychologie werden sicher einmal mit Erstaunen ent-
decken, dass einer der originellsten, in der Menschenbe-
handlung erfahrensten und vielseitigsten der Jung-Schüler
G. R. Heyer ist. Ich glaube nicht, dass mein Urteil allzu
subjektiv ist. (…)[192]"

Im selben Jahr (1980) wurde sie auch von Frau Regine Lockot kontaktiert, welche zu dieser Zeit ihre Dissertation über die Psychologie während dem zweiten Weltkrieg schrieb[193]. An Lockot schrieb Heyer-Grote, dass seine zweite Frau (Zoe Heyer) an seinem Eintritt in die NSDAP und den darauffolgenden Konsequenzen schuld war[194]. So schrieb und erzählte Heyer-Grote Frau Lockot über

---

[192] UB Basel, NL 335, A IId 6 (Brief von Heyer-Grote an Herr Wehr vom 9. 11. 1980). Zitiert aus: UB Basel, NL 335, D IV 7 (Brief von Heyer-Grote an Gerhard Wehr vom 31. 1. 1980).
[193] Am 13. August 1980 trafen sich die beiden zu einem langen Gespräch im Humanitas. Nach dem Gespräch erfolgte ein Briefwechsel zwischen Lockot und Heyer-Grote. UB Basel, NL 335, A Ie 17 (Eintrag vom 13. 8. 1980); A IId 6 (Brief von R. Lockot an Heyer-Grote, 6. 5. 1980 und 25. 11. 1980; Brief von Heyer-Grote an R. Lockot vom 9. 12. 1981; Brief von R. Lockot an Heyer-Grote, 12. 2. 1982).
[194] Brief von Heyer-Grote an R. Lockot, 5. 9. 1980 (Kopie von Dr. R. Lockot bereitgestellt am 11. 11. 2018, S. 3).

ihre und G. R. Heyers psychologische Arbeit während dem zweiten Weltkrieg. Sie selbst, Heyer-Grote hatte während dem zweiten Weltkrieg, vor allem zu Beginn des Krieges, auch jüdische Patienten, die sie entgegen des Verbotes ("Arier" durften keine Juden behandeln) behandelte. Die, zu den jüdischen Patienten angelegten Akten (Träume und Notizen) versteckte sie auf dem Esszimmertisch unter einem dicken Schutzmolton und einer schweren Tischdecke, in der Hoffnung, dass diese bei einer allfälligen Wohnungsdurchsuchung nicht entdeckt werden. Weiter schrieb sie über diese Zeit, dass die Wahrscheinlichkeit einer Durchsuchung bei ihr eher gering war, da sie sich während dem zweiten Weltkrieg eher unauffällig verhielt[195]. Was ihren Exmann G. R. Heyer betraf, zeichnete Lockot in ihrem Buch ein eher fragwürdiges Bild von G. R. Heyer, doch Heyer-Grote selbst äusserte hierzu nirgends was sie darüber dachte oder fühlte, sie war ja inzwischen auch schon 94 Jahre alt. Aus Lockots Dissertation "Erinnern und Durcharbeiten. Zur Geschichte der Psychoanalyse und Psychotherapie im Nationalsozialismus" geht

---

[195] Lockot 1985, S. 204-205.

hervor, dass G. R. Heyer nicht nur immer sein Parteiabzeichen trug, sondern auch zu den Gründungsmitgliedern der Deutschen Gesellschaft und zum engeren Kreise M. H. Görings gehörte. Zudem wurde er am ganzen Institut gefürchtet, da er stets Diskussionen verhinderte und zu wissen vorgab, *„was für eine Psychologie oder Psychotherapie der "Führer" wünsche*[196]*."* In ihrer Dissertation verwies Lockot auch auf Cocks Analysen der beiden Ausgaben Heyers "Organismus der Seel" (1932 und 1937), welche das von Lockot darstellende, fragwürdige Bild G. R. Heyers bestätigt. Cocks war beim Vergleichen der beiden Ausgaben aufgefallen, wie sich die Einstellung Heyers zum Zionismus stark verändert hatte. War er noch in der ersten Ausgabe eher "romantisch regressiv", wurde in der zweiten Ausgabe die Rassenkritik, (bei Lockot der "radikale Rassismus") ersichtlich[197].

Nach dem Weltkrieg hatte Heyer-Grote, wie sie an ihre

---

[196] Zitat im Haupttext aus: Lockot 1985, S. 164.
[197] Aus einem Brief an Lockot (5. September 1980) geht hervor, dass Heyer-Grote Geoffrey Cocks Werk "Psychotherapy in the Third Reich. The Göring Institute", Oxford 1985 nicht kannte. Lockot 1985, S. 66 und 164. Cocks, Geoffrey: Psychotherapy in the Third Reich. The Göring Institute, Oxford 1985, S. 95.

Freundin Daisy Brody schrieb, aus psychologischem Interesse, im April 1947 die Prozesse gegen die SS-Ärzte in Nürnberg besucht. Sie hielt im Brief fest, dass sie diese SS-Ärzte nicht verstehen könne, wenn sie ihr Herz, ihren Instinkt und ihre menschlichen Gefühle befrage[198].

Nachdem Heyer-Grote bereits den Tod ihrer älteren Geschwister Fritz und Anna Grote und ihres Exmannes G. R. Heyer miterlebt hatte, bangte sie im Oktober 1968 auch um ihren Sohn Anselm Heyer. Sie hatten gerade zusammen (Heyer-Grote und ihr Sohn Anselm Heyer) am 13. Oktober 1968 das Grab ihrer Schwester Anna Grote besucht, als Anselm Heyer plötzlich einen schlimmen Kolik-Anfall bekam und notfallmässig ins Spital musste. Da die Ärzte bei den ersten Untersuchungen nichts fanden, wurde er wieder nach Hause geschickt. Bereits am nächsten Tag musste er erneut ins Spital und wurde schliesslich gegen Abend in die chirurgische Station verlegt. Heyer-Grote machte sich grosse Sorgen um ihren Sohn. Jeden Tag besuchte sie ihn und hoffte, dass es ihm bald wieder besser

---

[198] UB Basel, NL 335, C II 9, 60. Brief von Heyer-Grote an R. Lockot, 5. 9. 1980 (Kopie von Dr. R. Lockot bereitgestellt am 11. 11. 2018, S. 2).

geht. Schuld für seine Kolik-Anfälle war ein vereitertes Geschwür in einem Divertikel, sodass er am 17. Oktober 1968 operiert werden musste. Erst nachdem ihr Sohn nach der Operation wieder aufgewacht war, konnte sich Heyer-Grote endlich von ihrer Angst um ihren Sohn und damit verbundenem Stress erholen[199]. Einen Monat später (nach den Kolik-Anfällen ihres Sohnes) musste sie einen weiteren familiären Schicksalsschlag hinnehmen: Am 6. November 1968 starb ihr jüngerer Bruder Werner Grote[200]. 1970 entrann Heyer-Grote selbst knapp dem Tode. Zwischen 1963 und 1970 wurde ihr drei Mal ein Polyp im Rectum operativ entfernt. Als nach der Operation sich wieder etwas zu bilden schien, beschloss sie nach einer anderen Behandlungsmethode zu suchen, in der Hoffnung eine weitere Operation umgehen zu können. Diese glaubte sie bei einem Arzt in Baden-Baden (Juni 1970) gefunden zu haben. Vor allem war der Arzt ihr sympathisch, da er, als er zur Zeit des zweiten Weltkriegs in amerikanischer Gefangenschaft war, nicht nur alle Bücher ihres Exmannes

---

[199] UB Basel, NL 335, A Ic 6 (einzelne Zettel, hier Eintrag vom 13.-20. 10. 1968).
[200] Ebd., Eintrag vom 6. 11. 1968.

G. R. Heyer gelesen hatte, sondern sich auch nach wie vor nach Heyers Psychosomatik richtete. So vertraute Heyer-Grote diesem Arzt ihre Gesundheit an und machte eine zehn wöchige Nosodentherapie zum Einnehmen. Er wies sie darauf hin, dass es sehr wichtig sei, dass sie darauf achte, sehr viel zu trinken. Erst nach zehn Wochen sollte sie ihn wieder konsultieren. Sie führte die Therapie alleine bei sich zu Hause in Basel durch, doch nach einer Weile trank sie, wie sie beschrieb, weniger und bekam deshalb plötzlich eine Urämie (Austrocknung des Gewebes und damit Niereninsuffizienz). Zum Glück besuchte Edith Grote ihre Schwester Heyer-Grote (am 7. September 1970) und rief sogleich den Notfall. Aufgrund ihres stark verschlechterten Gesundheitszustandes glaubten alle, Heyer-Grote liege im Sterben. Vom Schlimmsten ausgehend, kontaktierte Edith Grote auch Heyer-Grotes Sohn, welcher sofort von seiner Arbeit aus Pakistan nach Basel reiste, um seiner Mutter während ihrer schweren Zeit beizustehen. Als sie ausser Lebensgefahr war, musste sie schliesslich doch (ein viertes Mal) am Darm operiert werden[201].

Nachdem sie knapp dem Tod entflohen war, hörte sie auf zu arbeiten. Da sie aber nur eine kleine Rente hatte, benötigte sie finanzielle Unterstützung durch ihren Sohn Anselm Heyer. So schrieb sie an ihre Freundin: „(...) *Ich lebe zu 2/3 auf Anselms Kosten. Er findet das besser, als wenn ich den Rest meines Vermögens aufzehren würde. Für Wohnungsmiete und Telefon reicht gerade meine Rente (340 Franken). Die Frage, die ich Dir vor einem halben Jahr etwa am Telefon stellte, und die Dich so amüsierte, "Bist Du verarmt?" – müsste ich jetzt bejahen. Aber es regt mich nicht auf. Ich mach mir aus dem Sparen einen Sport, (...) Und stell Dir vor: am Horizont zeigt sich schon eine Korrektorenstelle bei einem Verlag an. (...)*" Ihre nun freien Tage verbrachte sie unter anderem mit Lesen, Spazieren, Klavierspielen, Radio hören und dem Fernseher. Vor al-

---

[201] Nach ihrer Darmoperation trank sie keinen Alkohol mehr, ausser vielleicht mal einen Champagner. UB Basel, NL 335, A Ic 1 ("Notizen zu BIOS");A Ic 6 (Bericht über ihre Erfahrungen mit der "Symbioselenkung" in Baden-Baden); A Ic 9 (Bericht über ihren Arztbesuch, 24. 6. 1970); A Ie 26 (Eintrag vom 22. 5. 1972);. Grote, Peter: Interview zu Lucy Heyer-Grotes Leben, 11. 7. 2018.

lem sonntags hörte sie gerne die klassische Musiksendung mit dem Rundfunkredakteur Walter Lessing. Wenngleich sie auf eine Korrektorenstelle bei einem Verlag hoffte, scheint sie keine solche Stelle angetreten zu haben. So gibt es jedenfalls keine Belege, dass sie (1971 und später) eine Stelle bei einem Verlag erhalten hätte[202]. Angesichts ihrer zunehmenden gesundheitlichen Probleme sah sich Heyer-Grote im Verlaufe des Jahres (1971) auch nach einem passenden Altersheim (in Deutschland wie auch in Basel) um. So entschied sie sich beispielsweise gegen das Heim in Wiesbaden (De), da ihr das Zimmer zu klein und zu teuer war. Zudem gefiel ihr die Möblierung des Zimmers nicht. In anderen Heimen ihres Interesses waren zu dieser Zeit aber keine Zimmer frei, sodass sie sich dort (im Heim Adullam und Alterspension D' Albenhof) für eine Aufnahme vormerken liess. Schliesslich machte sie mit ihrem Sohn Anselm und dessen Frau Sonda aus, vorerst, so lange es noch möglich sei, in ihrer eigenen Wohnung zu bleiben. Damit sie nicht kochen

---

[202] UB Basel, NL 335, A Ic 8 (Brief von Heyer-Grote an Rundfunkredakteur des Südwestfunks Walter Lessing, 24. 10. 1982). Zitiert aus: UB Basel, NL 335, C II 39, 8 (Brief von Heyer-Grote an Egla Hantel, 9. 2. 1971).

musste, wurde ihr mittags das Essen gebracht[203]. Aufgrund der Teuerung und ihrer kleinen AHV-Pension wurde im Februar 1973 beschlossen, dass sie zu ihrem Sohn Anselm und Schwiegertochter Sonda Heyer, in ein Haus ausserhalb der Stadt, zieht. Vier Monate später (am 18. Juni 1973) bezog sie bei ihrem Sohn Anselm und dessen Frau, am Bornwiesweg 32, Georgenborn in Taunus (Deutschland), die Wohnung im ersten Stock ihres Hauses. Für ihr dortiges Wohnen musste sie einen Mietvertrag ihres Sohnes und dessen Frau unterzeichnen und monatlich einen Mietzins von 250 DM, 40 DM für Heizkosten und 10 DM für Heisswasserbereitung zahlen[204]. Da Anselm und

---

[203] 1974 meldete sie sich schliesslich im Humanitas an. UB Basel, NL 335, A Ib 4 (Stellungnahme zur Angelegenheit mit der Krankenkasse Deutschland, 16. 9. 1976); A Ic 6 (Brief von Heyer-Grote an Marie Landerer, 19. 8. 1971); A Ic 9 (Rundbrief von Heyer-Grote an ihre Freunde, hier Jan. 1981); C II 49, 28 (Brief von Sophie Kronig an Heyer-Grote, 3. 3. 1964); C II 49, 87 (Brief von Heyer-Grote an Sophie Kronig, 15. 4. 1972); C II 49, 88 (Brief von Heyer-Grote an Sophie Kronig, 19. 5. 1972); C II 49, 94 (Brief von Heyer-Grote an Sophie Kronig, 30. 7. 1972).
[204] Auch ihr Flügel wird mitgezügelt und der Mietvertrag galt vorerst nur für ein Jahr und konnte nach beidseitigem Verständnis verlängert werden. UB Basel, NL 335, A Ib 4 (Liste der gezügelten Objekte 1973; Vertrag zwischen Lucy Heyer-

Sonda Heyer beruflich viel zu tun hatten, das Haus zudem ausserhalb des Dorfes lag und sie dadurch oft allein war, fühlte sie sich die meiste Zeit isoliert. Es fehlte ihr der geistige Austausch mit anderen Menschen. Dennoch fuhr sie ungern mit dem Bus in die nächste Ortschaft. Sie freute sich über jede Mitfahrgelegenheit bei Sonda, Anselm oder der Nachbarin[205]. Nachdem sich ihre Enkelin Yella von ihrem ersten Mann getrennt hatte und mit ihrem Sohn Oliver wieder bei ihren Eltern Anselm und Sonda Heyer eingezogen war, gab es zwischen Heyer-Grote und Sonda Heyer vermehrt Meinungsverschiedenheiten. Aufgrund dieser Reibereien, beschloss Heyer-Grote 1974 schliesslich, wieder nach Basel zu ziehen. Da sie aber nur eine sehr kleine AHV-Pension innehatte, suchte sie nach einer günstigen Lösung. Bei einer Konsultierung eines Basler Anwalts, erfuhr sie, dass sie bei ihrer Rückkehr nach Basel auch eine

---

Grote und Anselm/ Gertrude Heyer, 20. 6. 1973); A Ic 1, "Notizen zu BIOS"; A Ic 7; A Ie 10 (Agenda von 1973, Einträge von 13. bis 18. Juni 1973); A Ie 26 (Eintrag vom 28. 3. 1973).
[205] Gerne hätte sie auch telefoniert, aber die Ferngespräche (nach Basel) waren zu teuer. UB Basel, NL 335, A Ic 9 ("Meine Umwelt unser Dorf und unser Haus, beschrieben für meine Freunde", Beschreibung des Hauses in Schlangenbad); C II 64, 37 (Brief von Heyer-Grote an Martha Rohde, 22. 4. 1974).

Zusatzrente bekommen könnte[206]. Bei der Beantragung der Zusatzrente, wurde ihr vorgeworfen, dass sie nur wegen dieser Rente in die Schweiz zurückgekommen sei. Auf diesen Vorwurf eingehend, stellt sie klar, dass sie bisher keine Staatliche Hilfe in Anspruch genommen hatte. Weiter schrieb sie: *„Als ich 1953, mit 62 Jahren mittellos aus dem Ausland in meine Heimatstadt zurückkam, habe ich mir hier eine Existenz als Psychotherapeutin aufgebaut ohne öffentliche Mittel, zwanzig Jahre lang mein Einkommen versteuert und mir Ersparnisse angelegt – dies in einem Alter, wo viele sich vom Staat hätten helfen lassen. Auch dies zeigt, dass ich nicht zu denen gehöre, die bedenkenlos die staatlichen Hilfsquellen missbrauchen[207]."*

---

[206] Nachdem sich ihre Enkelin von ihrem Mann (erste Ehe) getrennt hatte, zog sie mit ihrem Sohn Oliver bei Anselm und Sonda Heyer ein. Da Heyer-Grote mit der Erziehungsart ihrer Schwiegertochter und ihrer Enkelin nicht einverstanden war, kam es zu Reibereien zwischen Heyer-Grote und ihrer Schwiegertochter Sonda. UB Basel, NL 335, A Ib 4 (Stellungnahme zur Verdächtigung über ihre Rücksiedlung nach Basel im Nov. 1974; Angelegenheit mit der Krankenkasse); A Ic 1 ("Notizen zu BIOS"); A Ic 7 (Verschriftlichtes Gespräch mit Anselm Heyer, 26. 3. 1976).
[207] Als Referenzen gibt sie Prof. Adolf Portmann, Thaddeus Reichstein und Frau Pfarrer Epting an. Zitiert aus: NL 335: A

Ende November 1974 zog sie wieder nach Basel und wohnte an verschiedenen Orten, so bei einer Frau Conzetti (Ende 1974 bis 7. Juni 1975), probeweise im Humanitas (8. bis 15. Juni 1975) und danach abwechselnd bei ihrer Schwester Edith Grote (in Basel) oder ihrem Sohn Anselm Heyer in Georgenborn (De), gerade da ein Augenarzt ihr empfohlen hatte, nach einer Star-Operation in familiärer Betreuung zu sein. Mit dem Entschluss ihres Sohnes (Februar 1976), für ein bis zwei Jahre mit seiner Frau Sonda, als Vertreter des ZDFs in Singapur zu leben, endete auch das zwischenzeitlich kurze Wohnen bei ihrem Sohne: Während Anselm und Sonda Heyer in Singapur verweilten, sollte das Haus untervermietet werden, damit das Haus auch weiterhin finanziell haltbar war. Da zum einen Heyer-Grote sich nicht mit völlig fremden Menschen arrangieren wollte und zum anderen nicht das benötigte Geld für den Unterhalt des Hauses hatte, war klar, dass sie nicht dort bleiben konnte[208]. Kurz nachdem sie wieder

---

Ib 4, Stellungnahme zur Verdächtigung über ihre Rücksiedlung.
[208] Bereits während ihres Aufenthalts in Basel (3. bis 28. Sept. 1974) hatte sie das Humanitas in Riehen besichtigt und sich für einen Platz vormerken lassen. Da sie gesundheitlich (Herzinsuffizienz und Kreislaufstörungen) Probleme hatte, war sie

zu ihrer Schwester Edith Grote nach Basel gezogen war, erfuhr sie, dass im Humanitas ein Platz freigeworden war. Wenngleich sie sich auf das Wohnen dort freute, machte sie sich Sorgen um dessen Finanzierung. Für ihr Leben im Humanitas musste sie allein fürs Wohnen und Essen Fr. 1020.- pro Monat zahlen. Als ihr eine Angestellte der Eidgenössischen AHV (1976) erklärte, dass, wenn sie kein Vermögen mehr habe, der Staat sie soweit unterstützen

---

zwischendurch für mehrere Wochen auch bei ihrem Sohn in Deutschland. Während ihrem Aufenthalt bei ihrem Sohn Anselm in Georgenborn, räumte sie ihre noch dort verbliebenen Sachen, bspw. ihre Bücher auf. Die meisten ihrer Bücher sollten verkauft werden. So verkaufte sie dem Erasmushaus 1976, 1981 und 1989 Teile ihrer Büchersammlung. Im Februar 1976 wurde ihr Grauer Star in der Augenklinik der Universität Mainz am rechten Auge operiert. Da ein Augenarzt ihr empfohlen hatte, die ersten drei Monate nach der OP in familiärer Betreuung zu sein, war sie nach der Augenoperation eine Weile in der Obhut ihrer Schwiegertochter. UB Basel, NL 335, A Ib 4 (Stellungnahme zur Verdächtigung über ihre Rücksiedlung; Angelegenheit mit der Kasse; Bescheinigung Umzüge Basel/ Schlangenbad); A Ib 6 (Bücher Erasmushaus); A Ic 7 (1975 im Humanitas; Brief von Heyer-Grote an Anna Sanwald, 23. 6. 1975); A Ie 11 (Agenda von 1974, hier Eintrag vom 25. 9. 1974); A Ie 12 (hier Einträge von 8. bis 16. Juni und 18. bis 27. Oktober 1975); A Ie 13 (Agenda von 1976, hier Eintrag vom 24. 2. 1976); C II 39, 24 (Brief von Heyer-Grote an Egla, 8. 2. 1976); E1 (Brief von Heyer-Grote an Anselm Heyer, 8. 5. 1981);

werde, dass sie im Heim bleiben könne, war Heyer-Grote sehr erleichtert. Da sie aber weiterhin finanzielle Probleme hatte, beschloss sie, ihre Vergil-Ausgabe mit Friedrich Gundolfs Widmung bei einer Auktion für ein Mindestgebot von Fr. 1200.- verkaufen zu lassen. Da ein Freund ihres Sohnes alles Mögliche, was mit dem Stefan-George-Kreis zu tun hatte, sammelte, holte sie das Buch zurück, in der Hoffnung ihm dieses für Fr. 4000.- verkaufen zu können[209].

---

[209] Sie hatte nur eine Rente von Fr. 750.- pro Monat, Fr. 130.- Bankzins pro Monat, sowie eine kleine Zusatzrente. Bei finanziellen Fragen stand ihr glücklicherweise oftmals auch ihr Neffe Peter Grote beratend und beruhigend zur Seite. Was den Vergilband betrifft, befindet sich dieser heute noch im Familienbesitz. UB Basel, NL 335, A Ic 7 (Brief von Heyer-Grote, 23. 4. 1976); A Ie 18 (Eintrag vom 14. 4. 1981); A Ie 19 (Eintrag vom 19. 12. 1982); A Ie 20 (Einträge von 23. März, 14. Juni und 16. Okt. 1983); A Ie 21 (Einträge von 22. Jan., 13. Mai und 11. Nov. 1984); A Ie 26 (Eintrag vom 24. 11. 1976); E1 (Brief von Heyer-Grote an Joachim von Adelsheim, 8. 4. 1981). Grote, Peter: Interview zu Lucy Heyer-Grotes Leben, 11. 7. 2018.

6. 1. 2 Ihr Leben im Humanitas

Abbildung 6
"In meinem Zimmer im Humanitas (...)", Fotografie,
ca. 1980er Jahre (Universitätsbibliothek Basel, NL
335, A Ig)

Für ihrem Umzug ins Humanitas, am 23. Juni 1976, organisierte Anselm Heyer einen Spediteur, der ihr auch beim Einpacken half. Damit seine Mutter nach dem Einzug nicht auch noch die Möbel herumrücken musste, zeichnete er dem Spediteur auf, wo welches Möbel im Zimmer positioniert werden sollte. Nur das Auspacken musste sie grösstenteils alleine verrichten, da keiner ihrer Freunde zu diesem Zeitpunkt in der Nähe war und Edith einen eingegipsten Arm hatte[210].

Recht schnell hatte sich Heyer-Grote im Humanitas eingewöhnt. Das Leben dort gefiel ihr zu Beginn sehr. Zum einen da das Humanitas, wie ein Sanatorium, ein gepflegtes Altershotel mit nettem Personal und Leitung war, zum anderen hatte sie ein Zimmer im dritten Stock mit Blick in den kleinen Park, in welchem sie auch spazieren konnte. Auch das Essen schmeckte ihr, so schrieb sie: *„Gemeinsame Mahlzeiten geben das zeitliche Gerippe des Tages. (…)*

---

[210] An zwei Samstagen half ihr ein Student ihre Bücher und Kisten auszupacken. UB Basel, NL 335, A Ic 7 (Rückschau ihres Einzugs vom 14. 7. 1976); A Ie 13 (Eintrag vom 23. 6. 1976).

Das Essen ist exquisit, gut zubereitet und den Bedürfnis-
sen des alten Menschen angemessen, dabei sehr ab-
wechslungsreich[211]." Einzig die Entfernung zu ihren "Kindern" (Anselm und Sonda Heyer) trübte ihr Leben im Humanitas, da sie aufgrund ihrer zunehmenden gesundheitlichen Probleme kaum noch reisen mochte. Über jeden

---

[211]*"Die Tage im Heim verlaufen ziemlich gleichmässig, u. das*
ist ja auch bekömmlich für alte Leute. Und wenn es einem mal
nicht passt, dann kann man sich Abwechslung herbeiholen."
Im Heim selbst gab es hin und wieder Konzert- oder Dias-
Abende. So beispielsweise der Dias-Abend vom 14. Februar
1983 als Dias über die Schlösser an der Loire, Athen und Ak-
ropolis gezeigt wurden. Zwei Tage später zeigte Heyer-Grote
Frau Schurmann und Frau Stoll noch ihre eigenen Akropolis-
Bilder als Ergänzung zum Dias-Abend. Da nicht jedes Zimmer
eine Toilette hatte, sollte im Humanitas ein Umbau erfolgen.
Dafür zeigten die damaligen Leiter des Humanitas (das Ehe-
paar Stelzer) den Bewohnern 1978 das neue Toiletten-Modell.
Wenngleich die neue Toilette Heyer-Grote gefiel, war sie ihrer
Meinung nach für die Bewohner des Heims zu klein gedacht,
da der Raum auch für das Abspülen von Geschirr oder Aus-
waschen kleiner Wäschestücke, Aufhängen eines nassen
Mantels und Zubereiten von Kompressen Platz bieten sollte.
UB Basel, NL 335, A Ic 8 (zu ihren Tagen im Humanitas, Frühjahr 1978; Brief von Heyer-Grote, 25. 1. 1977); A Ie 20 (Einträge von 14. und 16. Februar 1983); A IId 6 (Brief von Heyer-
Grote, 20. 11. 1976). Zitat im Haupttext aus: UB Basel, NL
335, A Ic 9 (Verschiedenes, Eintrag vom 4. 8. 1976). Zitat in
der Fussnote aus: UB Basel, NL 335, A Ic 8 (im Humanitas,
Juli 1976, kein genaues Datum angegeben).

Besuch ihrer Familie freute sie sich und fragte sich bei deren Abreise, ob sie sie wohl wiedersehe. So auch am 7. Februar 1980[212].

Aufgrund starker Rückenschmerzen konsumierte sie verschiedene Schmerzmittel, unter anderem auch Voltaren. Für ihren Körper zu viel – als sie Blut im Stuhlgang hatte (Juni 1980), wurde sie von ihrem Arzt sofort ins Gemeindespital eingewiesen. Dort wies man sie an, ihre Schmerzmittel zu reduzieren und ihre Schmerzen anders zu behandeln. Erst ab dem September 1980 besserten sich ihre Schmerzen dank Akupressur, Fuss-Reflexzonen Massage und Homöopathischen Mittel[213]. Im Juli 1981 hatte sie Glück im Unglück: Heyer-Grote war gerade unterwegs, als

---

[212] UB Basel, NL 335, A le 17 (Eintrag vom 7. 2. 1980).
[213] Bereits bei einem Aufenthalt im Riehenerspital zu Beginn des Jahres (Januar 1979) hatte man bei ihr eine Abnutzung ihrer Bandscheiben sowie Osteoporose festgestellt. Aufgrund ihrer starken Rückenschmerzen sagte sie auch ihre kleine Geburtstagsfeier am 31. Juli 1980 und den Besuch ihres Sohnes Anselm und Sonda Heyer am 2. August 1980 ab. UB Basel, NL 335, A lc 9 (Rundbrief von Heyer-Grote an ihre Freunde, hier Jan. 1980 und 1981 und Feb. 1982); A le 16 (Agenda von 1979, Einträge von 25., 26. Jan. und 9. Feb. 1979); A le 17 (Einträge von 7. bis 19. und 22.- 23. Juni, 31. Juli und 2. August 1980).

eine Frau sie umrannte. Glücklicherweise konnte Heyer-Grote mit Hilfe eines Herren wieder aufstehen und trug keine Verletzungen davon[214]. Zur Gesundheit im Alter schrieb Heyer-Grote auch diverse Aufsätze, welche im Autalblättli der Humanitas erschienen. Sie thematisierte das Langsamer werden und die Versteifung der Hände und Füsse mit zunehmendem Alter und wie wichtig es sei, den Verlust der Kräfte zu Akzeptieren und gegenüber dem Leben gelassener eingestellt zu sein[215].

Im Februar 1980 war Heyer-Grote sehr um ihre Schwester Edith Grote besorgt. Aufgrund ihres schlechten Gesundheitszustandes (Venenentzündung, geschwollene Leber und starke Bauchschmerzen), der sich nicht mehr bessern

---

[214] Bei guter Gesundheit besuchte sie gerne die Geschäfte in Riehen, wofür sie, nach eigenen Angaben, mit einer Wegstrecke von 20 Minuten rechnen musste. Über diesen Sturz schrieb auch R. Danner im Autalblättli der Humanitas 1981. Humanitas Riehen: Danner, R.: Glück im Unglück. In: Humanitas Autalblättli 1981, S. 10. UB Basel, NL 335, A Ic 7 (Rückschau); A Ic 8 (Verschiedenes, Eintrag vom 12. 7. 1981); A Ic 9 (Eintrag vom 4. 8. 1976).
[215] Humanitas Riehen: Heyer-Grote, Lucy: Von der Gelassenheit. In: Humanitas Autalblättli 1976, S. 11-12, hier S. 11. Humanitas Riehen: Heyer-Grote, Lucy: Mensch, ärgere dich nicht, sondern hilf dir selbst! In: Humanitas Autalblättli 1978, S. 15-17, hier S. 15-16.

wollte, holte deren Tochter, Ursula Böhringer, Edith Grote, am 7. März 1980 zu sich nach Remiremont. Zehn Tage später rief Ernst Böhringer (auch Aschi genannt) Heyer-Grote an, um sie über den Zustand von Edith Grote zu unterrichten. *„Tiefer Schrecken u. Schmerz, obwohl ichs mir gedacht hatte. Muss ich sie überleben? Wie sehr bin ich ihr kommen gewöhnt! Wie sehr ihrer bedürftig – ihrer, die der gleichen Generation angehört."* - *„(…) das Herz ist schwer u. schmerzt. Werde ich Edith noch einmal sehen?* [216] *"* Am 5. Mai 1980 starb Edith Grote, ohne dass sich die beiden Schwestern noch einmal gesehen haben. Der Tod ihrer jüngeren Schwester war ein enormer Schlag für sie und machte ihr sehr zu schaffen. Aufgrund ihres Gesundheitszustandes konnte sie auch nicht mehr zur Bestattung reisen, weshalb Anselm und Sonda Heyer ihr später von

---

[216] Da Edith Grote sich weigerte, sich einer Röntgenuntersuchung zu unterziehen, holte Ursula Böhringer sie nach Remiremont, um sie dort untersuchen und homöopathisch behandeln zu lassen. Grote, Peter: Interview zu Lucy Heyer-Grotes Leben, 11. 7. 2018. Zitiert aus: UB Basel, NL 335, A le 17 (Einträge von 3.-5., 17., 19. März 1980).

der Beisetzung erzählten[217]. Nach dem Tod ihrer Schwester fühlte sich Heyer-Grote sehr einsam. Ihr fehlten die gemeinsamen Stunden mit Edith Grote, in welchen sie sich über die alten Zeiten austauschten und zusammen spazieren gingen. So schrieb sie am 4. Februar 1981 an ihre Freunde: *„Seit meine Schwester Edith gestorben ist, besuchen mich selten Menschen, mit denen ich richtige Gespräche haben kann. (…) Zum Glück aber habe ich in meiner Nähe noch die Familien von lieben jungen Verwandten, die mich, ihre alte Tante, zuweilen besuchen und mir mit Rat und Tat beistehen. Das ist meine Nichte (…) Tochter meiner Schwester Edith, mit Mann und zwei Töchterchen (…); Peter Grote, mein Neffe, (…) Sohn meines Bruders Werner mit seiner Frau (…)[218]."*

Der Verlust ihrer Schwester und ihre gesundheitlichen Probleme, aufgrund welcher sie seltener rausging, setzten ihr psychisch und geistig zu. In ihren Einträgen dazu

---

[217] UB Basel, NL 335, A Ic 9 (Rundbrief von Heyer-Grote an ihre Freunde, hier Jan. 1981); A Ie 17 (Einträge von 5. und 9. Mai 1980); C I 4 (Trauerrede zu Edith Grotes Tod).
[218] Zitiert aus: UB Basel, NL 335, A Ic 9 (Rundbrief von Heyer-Grote an ihre Freunde, hier Feb. 1982).

(1981) thematisierte sie erstmals ihre zunehmende Vergesslichkeit und kritisierte das Leben im Humanitas. Vor allem ihre, mit dem Alter zugenommene, Lärmempfindlichkeit machte ihr zu schaffen. So hielt sie im Dezember 1981 fest: *„Weihnachtsfest v. Heim. Viel zu früh! (...) Z. Essen, e. Tortur für alte Augen. Das Schlimmere: die 2std. lange Berieselung mit Videoweihnachtsliedern! Barbarisch."* Zwei Jahre später, im März 1983 beschwerte sie sich im Humanitas schriftlich zum Essen und dem Lärm. Auf ihre Beschwerde eingehend, wurde eine Hausversammlung einberufen. Dazu schrieb sie: *„Wer hätte das gedacht? Grosse Besetzung, aber Schweigen der Basis. (...) Hauptthema: Essen. Der Lärm wird wohl nicht so empfunden wie von mir. [219]"*

---

[219] Ab 1985 begann sie Namen zu verwechseln und 1987 stellte sie erschrocken fest, dass sie nicht mehr wusste, wer sie besucht hat. UB Basel, NL 335, A le 18 (Einträge von 15. und 24. Juli 1981); A le 19 (Einträge von 23. Juli, 2. Okt. und 6. Nov. 1982); A le 20 (Einträge von 18. März, 7., 15. und 20. April, sowie 31. Mai 1983); A le 21 (Eintrag von 13. März 1984); A le 22 (Eintrag vom 16. 8. 1985); A le 29 (Eintrag vom 21. 6. 1987). Erstes Zitat aus: UB Basel, NL 335, A le 18 (Einträge von 18. Dezember 1981). Zweites Zitat aus: UB Basel, NL 335, A le 20 (Eintrag von 15. April 1983).

Im selben Jahr, 1983, verschlechterte sich die Gesundheit ihres Sohnes Anselm Heyer. Obgleich er krank war, besuchte er mit seiner Frau vom 16. bis 18. Juni 1983 seine Mutter im Humanitas. Auch Heyer-Grote fiel der schlechte Gesundheitszustand ihres Sohnes auf. Dies war das letzte Mal, dass sie ihn sah[220]. Im Juli (1983) wurde bei ihm ein nicht operierbares Carcinom in der Speiseröhre diagnostiziert. Weil es nicht operierbar war, hoffte die Familie, dass dieses sich noch von selbst zurückbildete[221].

Obwohl Heyer-Grote gesundheitliche Probleme hatte, vor allem ihr Rücken machte ihr zu schaffen, reiste sie im September 1983 nach Göppingen zum 60-jährigen Arbeitsjubiläum von Werner Landerer als wirtschaftlichen Leiter des Christophsbad. Es war ihre erste längere Reise seit 1963, die sie unternahm[222]. In Göppingen angekommen,

---

[220] UB Basel, NL 335, A le 20 (Einträge von 16.-18. Juni 1983); A le 21 (Eintrag vom 21. 6. 1984).
[221] UB Basel, NL 335, A le 20 (Einträge von 30. Juni, 1., 3. und 10. Juli 1983).
[222] Im Oktober 1963 war Heyer-Grote in Griechenland. UB Basel, NL 335, A lc 13 (Handschriftlich verfasste Erinnerungen an ihre Reise nach Griechenland im Okt. 1963); A le 20 (Eintrag vom 8. 9. 1983).

überlegte sie, auf ihrer Rückreise nach Basel, einen Abstecher nach Georgenborn zu ihrem Sohn zu machen. Schliesslich aber entschied sie sich, aufgrund ihres Rückenleidens, ihren Sohn doch nicht zu besuchen. Diese Entscheidung konnte auch ihre Schwiegertochter Sonda Heyer nicht mehr umstossen, als sie am 17. September 1983 Heyer-Grote anrief und ihr riet, "dringendst" ihren Sohn Anselm Heyer zu besuchen[223]. Zu Beginn des Novembers 1983 verschlechterte sich der Zustand ihres Sohnes erneut und er bekam innere Blutungen. Verzweifelt und voller Angst um ihren Sohn, telefonierte Heyer-Grote jeden Tag mit ihrer Schwiegertochter Sonda Heyer und begann schliesslich am 15. Dezember eine Biografie über ihren Sohn Anselm zu schreiben[224]. Mit dem Tod ihres Sohnes am 22. Dezember 1983 brach für Heyer-Grote eine Welt auseinander. Nachdem sie nun alle ihre geliebten Geschwister und ihren Exmann überlebt hatte, starb auch noch ihr Sohn vor ihr. Nie hätte sie gedacht, dass sie

---

[223] UB Basel, NL 335, A le 20 (Einträge von 16.-19. Sept. 1983).
[224] Das Manuskript zu Anselms Biografie konnte nicht gefunden werden. UB Basel, NL 335, A le 20 (Einträge von 26. Nov. bis 21. Dez. 1983); C I 6 (Todesanzeige von Anselm Heyer).

auch ihren Sohn, den sie über alles liebte, überleben würde. Sie machte sich schwere Vorwürfe, dass sie ihn wegen ihren gesundheitlichen Problemen nicht mehr besucht und gesehen hatte. Gerade aufgrund ihres gesundheitlichen Zustandes war sie auch nicht mehr in der Lage, an der Beerdigung ihres Sohnes teilzunehmen[225].

Am 6. Juli 1991 kurz vor ihrem 100. Geburtstag starb Heyer-Grote[226].

6. 2 Arbeit – Praxis und Verlag

Obwohl sie im Herbst 1952 arbeitslos wurde und Ende Jahr nur wenig Geld hatte, schien sie im Jahr nach ihrem Umzug nach Basel, 1954 kaum gearbeitet zu haben[227].

---

[225] Ihre Nichte Ursula Böhringer erzählte ihr tags darauf (am 28. Dezember 1983) von der Bestattung. Wann immer ihre Schwiegertochter nun zu Besuch kam, sprachen sie oft über Anselm und G. R. Heyer, und feierten auch zusammen Anselm Heyers Geburtstag. UB Basel, NL 335, A Ic 3 ("Einfälle und Notizen für Bios"); A Ie 20 (Einträge von 22., 27. und 28. Dez. 1983; Brief von Heyer-Grote an Frau Aenne, 8. 1. 1984; Brief von Heyer-Grote an "Nonna", 13. 3. 1984); A Ie 21 (Einträge von 1.-6. Feb. 1984); C I 6 (Todesanzeige von Anselm Heyer).
[226] UB Basel, NL 335, A Ia 1-5.
[227] In einem Brief an ihre Patentochter Martha Liegle (Dez. 1952) schrieb Heyer-Grote, dass sie für eine unbestimmte

Bis auf den Umzug nach Basel, gibt es zum Jahre 1953 keine Informationen zu ihrer Tätigkeit. Was das Jahr 1954 betrifft, schien sie vor allem das Leben zu geniessen. So war sie durch das ganze Jahr hindurch fast ständig, vor allem viel in und um Basel, aber auch in Luzern, Lugano, Zürich, Nussdorf (De) und Heidelberg (De) unterwegs, besuchte Vorträge, kleine Feste, Theater und traf sich dabei mit verschiedensten Leuten. Wenn sie nicht gerade irgendeine Veranstaltung besuchte, oder mit ihren Geschwistern (Edith, Werner) etwas unternahm, verbrachte sie ihre Zeit mit Haushalt, musizieren, lesen und schreiben[228]. Grund dafür, dass sie sich dies alles leisten konnte, lag in einem Vorschuss der Bollingen Foundation für die Verfassung einer C. G. Jung Biografie, wie auch aus ihrem Brief an ihren Exmann (29. März 1955) hervorgeht: *„Das Stipendium hat mich im Gegenteil dazu instandgesetzt,*

"Frist" arbeitslos sei und deshalb dem Weihnachtsgeschenk kein Geld beilegen könne. UB Basel, NL 335, A Ic 1 ("Daten zu meinem Leben"); A Ie 8 (Eintrag vom 15. 3. 1954); C II 64, 5.

[228] Jede Person, mit der sie sich dort getroffen hat, aufzuzählen, ist wohl kaum der Sinn der vorliegenden Arbeit. Woher sie die Personen kannte oder erstmals getroffen hat, und worüber sie gesprochen haben, ist meist unklar. UB Basel, NL 335, A Ie 8 (Eintrag vom 20. 6. 1954).

mich hier i. d. Schweiz niederzulassen, sehr viele Anschaf-

fungen zu machen, geruhsam und ohne mich zu überan-

strengen, zwei Jahre ohne Angst und Sorgen zu leben und

ein Jahr Zeit zu haben mich in Basel einzuleben[229]."

6. 2. 1 Heyer-Grotes nie erschienene "Jung-Biografie"

Um den Auftrag, eine Jung-Biografie zu verfassen, erhal-

ten zu können, reichte Heyer-Grote am 24. August 1952

bei Brody und der Bollingen Foundation ein Exposé ein:

---

[229] Das an Heyer-Grote gezahlte Geld kam von Paul Mellon.
So erhielt sie 1953 bis 1955 pro Jahr $2500 (damals
CHF10'775). Fürs erste Jahr zahlte Paul Mellon ihr CHF
11'000. Für die Verlängerung der Abgabefrist einer Jung-Biografie wollte Mellon für das ganze Jahr 1955 weitere $1'500'00
zahlen, damit sie sich allein auf die Biografie konzentrieren
könne und durch das Jahr finanziell abgesichert sei. In einem
Brief an C. G. Jung schrieb John D. Barrett, dass Heyer-Grote
dieses Geld auch bekommen würde, wenn Jung plötzlich doch
keine Biografie wolle, damit sie das, bis dahin gesammelte
Material in eine nützlichere verwendbare Form zusammenstel-
len könnte. Manuskriptabteilung der Library of Congress,
(USA), Box I: 101, Ordner "No. 6, Heyer-Grote, Lucy, uncompleted biography of Jung" (Brief von John D. Barrett an Nor-
man E. Garver, 25. 1. 1955; Brief von John D. Barrett an Lucy
Heyer-Grote, 25. 1. 1955; Brief von John D. Barrett an C. G.
Jung, 25. 1. 1955; Brief von John D. Barrett an Lucy Heyer-
Grote, 1. 4. 1953; Brief von Paul Mellon an Lucy Heyer-Grote,
14. 4. 1953). Zitiert aus: UB Basel, NL 335, C I 5, 99 (Brief von
Heyer-Grote an G. R. Heyer, 29. 3. 1955).

Die Biografie sollte den Einfluss von C. G. Jungs Ahnen auf seine Arbeit, wie auch den Einfluss der antiken und mittelalterlichen Ideen in Jungs Gedankenwelt aufzeigen. Anhand der Autoren des 19. und 20. Jahrhunderts (hier nennt sie u. a. Kant und Nietzsche) wollte sie Jung's Entwicklung thematisieren. Aus der Biografie sollte zudem ersichtlich werden, wie er mit seinen Erkenntnissen seine Umwelt beeinflusst hat und "beeinflusst". Für das Verfassen der Biografie wünschte Heyer-Grote eine nähere Zusammenarbeit mit C. G. Jung: *„Das Buch könnte nur in ständigem Kontakt mit ihm selbst geschrieben werden und würde den Niederschlag von ausführlichen Interviews über alle wichtigen Fragen darstellen*[230]*.“* Im September 1952 wandte sie sich an Jung, um ihn dazu zu bringen, sie als Verfasserin seiner Biografie, anstelle von Cary Baynes, oder in Zusammenarbeit mit Baynes zu befürworten.

---

[230] Zitiert aus: ETH-Bibliothek Zürich, Hs 1056: 31164 a (Anhang ihres Exposés "Gesichtspunkte zu einer Biographie C. G. Jungs", vom 24. 8. 1952, an einem Brief von Heyer-Grote, Lucy an C. G. Jung, 16. 9. 1952). Manuskriptabteilung der Library of Congress, (USA), Box I: 101, Ordner "No. 6, Heyer-Grote, Lucy, uncompleted biography of Jung" (Ausschnitt aus einem Brief von Daniel Brody an Bollingen Series, John D. Barrett, 14. 10. 1952).

So erklärte sie ihm brieflich, dass sie Baynes bereits kontaktiert hatte und diese immer noch seine Lebensgeschichte schreiben wolle. Baynes sei zwar aufgrund ihrer persönlicheren und näheren Beziehung zu Jung passender als Verfasserin, aber aufgrund der Distanz wiederum weniger geeignet. Dadurch, dass sie (Heyer-Grote) näher zu ihm lebe, wäre die Verfassung einer Biografie in Zusammenarbeit mit ihm ein kleineres Zeitproblem. Jung war begeistert von Heyer-Grotes Vorschlag und bat Baynes, mit Heyer-Grote zusammen seine Lebensgeschichte niederzuschreiben, da sie beide unterschiedliche Sichtweisen einbringen würden. Schliesslich aber entschied sich Baynes (nach mehreren Korrespondenzen mit Heyer-Grote und C. G. Jung) vom Vorhaben eine Jung-Biografie zu schreiben, zurückzutreten[231]. So erhielt Heyer-Grote den Auftrag, in Zusammenarbeit mit C. G. Jung für die Bollingen Foundation und Brody (zwischen 1953 bis Ende März 1955) eine Biografie über Jung zu verfassen[232]. Da

---

[231] ETH-Bibliothek Zürich, Hs 1056: 31164 (Brief von Heyer-Grote, Lucy an C. G. Jung, 16. 9. 1952); Hs 1056: 31164 b (Ausschnitt aus einem Brief von C. G. Jung an Cary Baynes, 7. 10. 1952).
[232] Für die Erstellung einer Biografie war Heyer-Grote mehrmals zu Besuch bei C. G. Jung und dessen Frau Emma Jung.

C. G. Jung bis zum November 1954 Heyer-Grote sehr viele Interviews gegeben hatte, aber nichts über den Stand der Biografie erfuhr und auch keine Leseprobe erhielt, wurde er zunehmend misstrauisch und abgeneigter, mit ihr zusammen zu arbeiten. Schliesslich bat er Heyer-Grote, ihm ihre bisher verfassten Seiten zum Lesen vorbeizubringen. Nachdem Heyer-Grote die Bollingen Foundation im September 1954 um eine Fristverlängerung für die Abgabe der Biografie und weitere finanzielle Unterstützung gebeten hatte, schrieb John D. Barrett (damaliger Vize-Präsident der Bollingen Foundation) am 16. November 1954 an C. G. Jung, um von Jung zu erfahren, was dieser dazu denke. Am 24. November 1954 antwortet Jung Barrett und äussert seine Bedenken zur Entstehung der Jung-Biografie durch Heyer-Grote. So schrieb er im Brief: *„I am not sure at all whether she has worked out*

Noch im März 1954 schrieb sie an Paul Mellon, dass sie für die Biografie fast jede Woche bei Jung sei. UB Basel, NL 335, A Ie 8 (Eintrag vom 6. 12. 1954); A IId 6 (Brief von Heyer-Grote, 9. 11. 1980); C I 5, 99; E1 (Übersicht über den Nachlass Heyer-Grotes, S. 6). Manuskriptabteilung der Library of Congress, (USA), Box I: 101, Ordner "No. 6, Heyer-Grote, Lucy, uncompleted biography of Jung" (Brief von Lucy Heyer-Grote an Paul Mellon, 28. 3. 1954; Brief von John D. Barrett an Daniel Brody, 13. 1. 1953).

something or not. I always wondered what she was going to do about her interviews, but I couldn't say that I have got an idea of it. You will understand that under those circumstances I have grown progressively less keen to entertain that dear lady and I have regretted the loss of time rather precious to me. (...) I shouldn't weep many tears if somebody would lead the said lady kindly away. I must say with my limited imagination I can-not conceive how she could possibly construct a biography of myself, but not being a literary man I would hardly know how to go about in writing a biography. (...)[233]" Am 6. Dezember 1954 brachte sie

---

[233] Im Brief an John D. Barrett schrieb Heyer-Grote am 28. September 1954, dass vor allem die Zusammenarbeit mit Jung sehr viel Zeit beanspruche. Sie habe nun "schon" (already) ein Kapitel fertig gestellt, aber es reiche ihr niemals bis im März 1955 alles fertig zu stellen. Vor allem sei sie für das Verfassen der Biografie von Jungs Gesundheit und Bereitschaft, mit ihr zu arbeiten, abhängig. Manuskriptabteilung der Library of Congress, (USA), Box I: 101, Ordner "No. 6, Heyer-Grote, Lucy, uncompleted biography of Jung" (Brief von Lucy Heyer-Grote an John D. Barrett, 28. 9. 1954; Brief von John D. Barrett an C. G. Jung, 16. 11. 1954). UB Basel, NL 335, C I 5, 99. Zitiert aus: Manuskriptabteilung der Library of Congress, (USA), Box I: 101, Ordner "No. 6, Heyer-Grote, Lucy, uncompleted biography of Jung" (Brief von C. G. Jung an John D. Barrett, 24. 11. 1954).

Jung ihre bisher geschriebenen 12 Manuskriptseiten[234]. Anfang 1955 endete ihre Zusammenarbeit: C. G. Jung entschied, dass Heyer-Grotes Biografie über ihn nicht erscheinen sollte. In seinem Briefentwurf vom 6. Januar 1955 schrieb Jung an Heyer-Grote, dass ihr Manuskript seine Befürchtungen bestätigt hätten, dass sein Leben für eine Biografie zu wenig besonders sei und sie besser nicht mehr daran weiterschreibe. Aus der zweiten Seite seines Briefentwurfs geht zudem seine Enttäuschung über die bisher gelieferte Arbeit Heyer-Grotes hervor. So schrieb er: *„Sie hatten ja auch keine Freude daran. Übrigens glaube ich, dass Sie das sicher schon gemerkt haben, und dass hierin der wahre Grund dafür liegt, warum trotz zweijähriger Bebrütung bis jetzt noch nichts Erwähnenswertes gebrochen ist. Ich selber bin mittlerweile so alt und müde geworden, dass ich keine Zeit mehr zur Verfügung habe. Ich bedaure nur, dass es vermutlich meine Eitelkeit war. (...)*[235]" Als G. R. Heyer über Edith Grote erfuhr, dass auf

---

[234] UB Basel, NL 335, A Ie 8 (Eintrag vom 6. 12. 1954); C I 5, 99.

[235] Zitiert aus: ETH-Bibliothek Zürich, Hs 1056: 30365 (Brief/Briefentwurf von C. G. Jung an Heyer-Grote, Lucy, 6. 1. 1955).

Jungs Wunsch hin, die von Heyer-Grote verfasste Biografie nicht erscheinen sollte, forderte er seine Exfrau auf, für die in die Biografie investierte Zeit, Geld zu verlangen. Sie solle dies dadurch gelten machen, dass sie ihre Existenz für diese Jahre auf diese Einnahme eingestellt habe und sie eine Entschädigung für die nun erwachsenen Nachteile fordern müsse. Zudem sei ihr Prestige als Autor schwer geschädigt worden, da nun, nachdem etliche Personen auf die Herausgabe warten würden, diese Biografie nicht erscheinen werde[236]. Heyer-Grote antwortete ihrem Exmann, dass sie sehr froh sei, diese Biografie nicht mehr schreiben zu müssen. Zwar sei sie über Jungs Entscheidung im ersten Moment schockiert gewesen, aber dennoch froh, dass er dies beendet habe. Er habe ihr damit einen grossen Dienst getan. Sie hätte grosse Mühe gehabt, überhaupt die ersten paar Seiten zu schreiben, aber sie hätte sich nicht getraut, von sich aus dies zu beenden. Sie hätte nun Brody von Jungs Entscheidung in Kenntnis gesetzt und er habe ihr gesagt, sie solle dies im August (1955) ihren Geldgebern persönlich mitteilen. Ihren Brief

---

[236] UB Basel, NL 335, C I 5, 98 (Brief von G. R. Heyer an Heyer-Grote, 25. 3. 1955); C I 5, 99.

schloss sie damit, dass sie nun Patienten benötige[237]. Aus einem Brief von

Ximena de Angulo an Jack (John D. Barrett), 1956, geht hervor, dass Heyer-Grote, nachdem das Projekt einer Jung-Biografie geplatzt war, mit dem gesammelten Material zu C. G. Jung vorhatte, die Entwicklung von Jungs Konzepten aus der Philosophie und Medizin des 19. Jahrhunderts darzustellen[238]. Wie der Kontakt zwischen der Bollingen Foundation, Brody und Heyer-Grote zustande kam, und wer die Idee der Jung Biografie hatte, ist nach wie vor unklar. Bereits 1949 machte Olga Fröbe-Kapteyn die Bollingen Foundation auf Heyer-Grote aufmerksam. So fragte sie die Bollingen Foundation an, ob diese nicht Heyer-Grote beauftragen könnten, einen Index für die bisher erschienenen Eranos-Jahrbücher zu erstellen, da Heyer-Grote dafür bestens in Frage käme und auch die

---

[237] UB Basel, NL 335, C I 5, 99.

[238] Woher Ximena de Angulo und Heyer-Grote sich kannten und wie oft sie miteinander Kontakt hatten, ist unklar. Zu Ximena de Angulo gibt es in Heyer-Grotes Nachlass keine Unterlagen oder Briefe. Manuskriptabteilung der Library of Congress, (USA), Box I: 101, Ordner "No. 6, Heyer-Grote, Lucy, uncompleted biography of Jung" (Brief von Ximena de Angulo an Jack (John D. Barrett), 19. 4. 1956).

benötigte Zeit hierfür aufbringen könne. Diese Anfrage stellte Fröbe-Kapteyn mehrmals, auch 1950 und 1952 wiederum[239].

Später (1957) entschied Heyer-Grote die Arbeit an ihrer Jung-Biografie wieder aufzunehmen. So entschuldigte sie sich in einem Brief an eine Frau Lida (Nachname unbekannt), dass sie ihrer Einladung zu den Vorträgen in Holland doch nicht folgen könne. Stattdessen würde sie im Mai zu Olga Fröbe gehen, um dort an der Jung-Biografie weiterzuschreiben[240]. Schliesslich bat Heyer-Grote "Lina" noch, den Brodys nichts davon zu sagen. Sie selbst habe den Brodys als Verhinderungsgrund für Holland ihre Praxisarbeit angegeben. Sie wolle die Brodys erst davon in Kenntnis setzen, wenn sie mit ihrem Buch fast fertig sei.

---

[239] Manuskriptabteilung der Library of Congress, (USA), Box I: 101, Ordner "No. 6, Heyer-Grote, Lucy, uncompleted biography of Jung" (Brief von Olga Fröbe-Kapteyn an John D. Barrett, 20. 7. 1949; Brief von Olga Fröbe-Kapteyn an John D. Barrett, 20. 1. 1952; Brief von John D. Barrett an Lucy Heyer-Grote, 26. 4. 1950).

[240] Heyer-Grote hatte nach einem Gespräch mit einer Freundin (1956) beschlossen, das Verfassen einer Jung-Biografie fortzusetzen. Mit wem Heyer-Grote dieses Gespräch führte, ist nicht bekannt. UB Basel, NL 335, D III 1 (Brief von Heyer-Grote an Lida, Nachname unbekannt, 12. 2. 1957).

Obwohl sie an der Jungbiografie weiterschrieb, führte sie diese Arbeit dennoch nie zu Ende[241]. Dafür veröffentlichte sie jedoch 1956 den Aufsatz "Freud und Jung – ein Beitrag zur Geschichte der Tiefenpsychologie", in welcher sie über die Begegnung der beiden (Freud und Jung), deren sechsjährige Freundschaft sowie schliesslich deren Trennung, aufgrund unterschiedlicher Auffassung zum Begriff Libido, schrieb[242]. Dank ihres persönlichen Kontaktes zu C. G. Jung und dessen Frau wurde sie hin und wieder zu Jung interviewt. So beispielsweise am 7. Nov. 1954 von Frau v. Hornstein und Graf Dürckheim in Todtmoss, am 9. Nov. 1954 von einem Lester Bernstein und am 18. April 1970 von Naméche (aus New York)[243].

Als Heyer-Grote 1955 klar wurde, dass sie nicht mehr von ihrer Autorenarbeit als Jungbiografin leben konnte, musste

---

[241] Ebd.
[242] UB Basel, NL 335, B1 (1955-1970, Heyer-Grote, Lucy: Freud und Jung – ein Beitrag zur Geschichte der Tiefenpsychologie. In: Die Heilkunst. Zeitschrift für praktische Medizin und die Synthese aller Heilverfahren, 69. Jahrgang, Heft 5, München Mai 1956, S. 173-176).
[243] UB Basel, NL 335, A Ic 5 (einzelne Einträge von 1954, hier Eintrag vom 8. 11. 1954); A Ic 6 (Tagebucheinträge, einzelne Zettel, Eintrag vom 18. 4. 1970); A Ie 8 (Eintrag vom 9. 11. 1954).

sie sich eine neue Existenz als Analytikerin aufbauen. Anders als ihre Schwester Edith Grote hatte sie kein Diplom gemacht, um in Basel eine Erlaubnis für eine Praxis als Atemlehrerin und damit verbundene Zusammenarbeit mit anderen Ärzten (s. Fussnote 120) zu erhalten. Dass sie ihre in München ausgearbeitete Therapie, mit Musik und Rhythmik, in Basel nicht mehr aufnehmen konnte, geht zudem auch aus dem Brief an Verena Bürki (Mai 1972) hervor[244]. Zu einer allfälligen Arbeit als Psychoanalytikerin in Basel vor 1955 gibt es keine Dokumente oder auch Notizen in ihren Agenden. Auch im Adressbuch der Stadt Basel und den Gemeinden Riehen und Bettingen ist sie erst ab 1955 im Personenverzeichnis mit der Berufsbezeichnung "Psychologin" eingetragen. Interessanterweise wird sie aber, in den Adressbüchern im Industrie-/Gewerbeverzeichnis bei den aufgeführten Psychologen nirgends (auch nicht in den Adressbüchern vor und nach 1955) aufgelistet. Ihre Schwester Edith Grote hingegen, ist nicht nur im Personenverzeichnis mit ihrer Berufsbezeichnung "Heilgymnastikerin" aufgeführt, sondern auch im Industrie-

---

[244] UB Basel, NL 335, A Ic 6 (Brief von Heyer-Grote, 7. 5. 1972).

/Gewerbeverzeichnis zu finden[245].

Um auf sich als Psychoanalytikerin aufmerksam zu machen, in der Hoffnung auch Patienten überwiesen zu bekommen, kontaktierte Heyer-Grote Ärzte in der Region Basel. So kontaktierte sie beispielsweise die Kantonale Heil- und Pflegeanstalt Friedmatt und Psychiatrische Universitätsklinik Basel, welche ihr diesbezüglich im Mai 1955 positiv antworteten, aber nach einer Notiz von Heyer-Grote (vom Juli 1973) nie Patienten überwiesen hatten[246].

Wie häufig sie (ab 1955) in ihrer Privatpraxis arbeitete, ist unklar. Aus ihren Aufzeichnungen geht hervor, dass sie

---

[245] Vielleicht brauchte Heyer-Grote ja auch keine extra Genehmigung der Stadt Basel, da sie ja bei C. G. Jung (Toni Wolff) die Psychoanalyse erlernte und C. G. Jung in der ganzen Schweiz anerkannt war. StABS, H43, (Adressbuch 1953, S. I./ 319 (1. Spalte), III./92 (2. Spalte); Adressbuch 1955, Adressbuch der Stadt Basel und der Gemeinden Riehen und Bettingen, 87. Band, S. I./ 188 (1. Spalte); Basler Adressbuch 1956, Adressbuch der Stadt Basel und der Gemeinden Riehen und Bettingen, 88. Band, S. IV./92). Dr. Malin, Lisa: Mail zu Lucy Heyer-Grotes Arbeit in der Schweiz, 26. 11. 2018.
[246] UB Basel, NL 335, A Ib 4 (Brief von P. Kielholz an Heyer-Grote, 20. 5. 1955).

wahrscheinlich eher selten als Psychoanalytikerin arbeitete[247]. Da sie nicht so viele Patienten hatte, war sie froh, für den Rhein-Verlag AG 1958 Heinrich Zimmers "Philosophies of India" gegen Entgelt übersetzen zu dürfen. So schrieb sie zu ihrer Arbeit am 2. Mai 1958 an Dani Brody (Inhaber des Rhein-Verlags): *„Die Arbeit macht mir eine Mordsfreude. (…) Und wenn die Praxis flau ist, weil die Patienten verreisen oder sonst aus einem Grunde ausfallen, dann packt mich keine Panik, sondern im Gegenteil: ich freue mich gelassen, denn diese andere Arbeit zieht mich mächtig an und garantiert mir ja ausserdem, dass ich zunächst nicht bankrott machen muss. (…)"* Den Indologen Zimmer kannte sie bereits aus der Zeit, als sie noch mit G. R. Heyer zusammen die Psychologische Arbeitsgemeinschaft (s. S. 35) geleitet hatte. Damals gelang es ihnen Zimmer als Redner zu organisieren. Ob, und wie weit Heyer-Grote danach mit Heinrich Zimmer noch Kontakt hatte, ist leider unklar[248].

---

[247] So hat sie beispielsweise in ihrer Agenda von 1958 nur hin und wieder "Praxis" (meistens an einem Samstag) eingetragen. UB Basel, NL 335, A le 9a.
[248] Bereits im Oktober 1946 wurde Heyer-Grote von Dani Brody gefragt, ob sie das Buch der Esther Harding für den Verlag übersetzen könnte, da Harding darauf bestehe, dass

Nachdem sie erfolgreich Zimmers "Philosophies of India" ins Deutsche übersetzt hatte, bekam Heyer-Grote 1964 gleich mehrere Arbeitsaufträge vom Rhein-Verlag. Aufgrund dessen beschloss sie, wie sie ihrer Patentochter Martha Rohde 1964 schrieb, auch ihre Arbeit in der Praxis zu reduzieren. Im selben Jahr (am 8. Mai 1964) schloss Heyer-Grote mit der Wissenschaftlichen Buchgesellschaft in Darmstadt einen Vertrag für die Herausgabe ihres Sammelwerkes "Atemschulung als Element der Psychotherapie" ab[249]. Ihr Ziel war es, ein Sammelwerk über Atemtherapie zusammen zu stellen, da es ein solches noch nicht

---

sie, Heyer-Grote, diese Übersetzung mache. In ihren Unterlagen gibt es aber dazu keine weiteren Informationen, ob und wann sie die Übersetzung gemacht hat. Der Rhein-Verlag wurde 1920 in Basel gegründet und 1929 von Dani Brody (*1883-†1969) erworben. UB Basel, NL 335, C II 10, 10 (Brief von Dani Brody an Heyer-Grote, 22. 10. 1946); C II 10 (Artikel von Hack Bertold); D II 2 (Übersetzungsvertrag von Rhein-Verlag AG, 24. 4. 1958); D IV 7 (über das Leben von G. R. Heyer, "April 76"). Zitiert aus: UB Basel, NL 335, D II 2 (Brief von Heyer-Grote an Dani Brody, 2. 5. 1958).

[249] Die Übersetzung des "Philosophies of India" erschien 1960 im Deutschsprachigen Raum als "Philosophie und Religion Indiens". UB Basel, NL 335, A IId 4 (Tagebuch von Arbeit für Rheinverlag); B2 (Vertrag mit der Wissenschaftlichen Buchgesellschaft in Darmstadt, 8. 5. 1964); C II 64, 10 (Brief von Heyer-Grote an Martha Rohde, 6. 11. 1964).

gab und viele der, im Buch verwendeten, Aufsätze kaum noch zu finden waren. Für dieses Buch recherchierte sie u. a. in Freudenstadt im "Atem-Literatur Archiv" bei Dr. Glaser, aber auch in der Universitätsbibliothek Basel. Schliesslich hatte sie im Juli 1965 fast das gesamte Material für ihr Atembuch geordnet und das Buch im Oktober 1965 so gut wie fertiggestellt. Dennoch dauerte es noch vier weitere Jahre, bis ihr Atembuch satzfertig im Verlag war und 1970 schliesslich erschien. Für das Buch hatte Heyer-Grote alle, ihrer Meinung nach wichtigen und bis dahin erschienene Aufsätze verschiedener Autoren chronologisch geordnet zusammengestellt[250].

---

[250] UB Basel, NL 335, A Ic 6 (1965); B2 (Begründung für die Herausgabe der Atemschulung als Element der Psychotherapie. Heyer-Grote 1970, S. 1; DYK: Lucy Heyer-Grote (Hrsg.): Atemschulung als Element der Psychotherapie. Darmstadt: Wissenschaftliche Buchgesellschaft, 1970. In: Yoga im West 1971; Engel, Johannes: Lucy Heyer-Grote (Hrsg.): Atemschulung als Element der Psychotherapie. Darmstadt: Wissenschaftliche Buchgesellschaft, 1970. In: Zentralblatt für die gesamte Neurologie und Psychiatrie, Bd. 200, Heft 4, 1971; Unbekannt: Lucy Heyer-Grote (Hrsg.): Atemschulung als Element der Psychotherapie. Darmstadt: Wissenschaftliche Buchgesellschaft, 1970. In: Neuer Bücherdienst, 17. Jahrgang, 3. Heft, Dez. 1970); C II 64, 16 (Brief von Heyer-Grote an Martha Rohde, 31. 10. 1965); C II 73, 5 (Brief von Heyer-Grote an Hildegard Barténieff-Talhoff, 15. 7. 1969).

Neben ihren Übersetzungsarbeiten für den Rhein-Verlag, übersetzte sie, zusammen mit Johannes Piron, für den Rascher Verlag 1960 Zimmers Buch "The King and the Corpse" (in Deutsch herausgegeben als "Abenteuer und Fahrten der Seele"). Ihr gelang es zudem, den Rascher Verlag (um 1961) zu überzeugen, eine Gesamtausgabe von Zimmers Werken herauszugeben. Mit dem Tod von Albert Rascher und der damit verbundenen Auflösung des Rascher Verlages konnte dieses Vorhaben aber nicht mehr verwirklicht werden. Als der Suhrkamp Verlag 1973 ihre Übersetzung des Buches "Philosophie und Religion Indiens" erneut herausgab, erhielt Heyer-Grote dafür 800 DM und 10 Exemplare als Gutschrift. Nichts erhielt sie hingegen vom Eugen Diederich Verlag, als dieser 1977 ihre, für den Rascher Verlag gefertigte Übersetzung "Abenteuer und Fahrten der Seele" erneut herausgab. Vor allem aufgebracht war Heyer-Grote über die Tatsache, dass weder sie, noch Johannes Piron, in der neu gedruckten Ausgabe des Eugen Diederich Verlages als Übersetzer erwähnt wurden. Nach Heyer-Grotes Bitte um Stellungnahme, entschuldigte sich der Eugen Diederich Verlag damit, dass sie die Rechte am Buch von Princeton University Press in

Verbindung mit Frau Christiane Zimmer erworben hätten und beide, die Princeton University Press und auch Frau Zimmer versichert hätten, uneingeschränkt über die Rechte zu verfügen. Sich für den peinlichen Fehler entschuldigend, versprach der Verlag, bei der nächsten Neuauflage ihre Namen (Heyer-Grote und Piron) als Übersetzer zu nennen. Heyer-Grote war damit einverstanden und erbat zudem "Schmerzensgeld" in Form einiger Freiexemplare der Ausgabe[251].

---

[251] Auch im Mai 1965 arbeitete sie parallel an verschiedenen Aufträgen für den Rhein-Verlag. Leider sind die meisten Korrespondenzen mit diversen Verlagen nicht mehr vorhanden, da Heyer-Grote diese vernichtet hat. Somit existieren von den vernichteten Briefen nur noch die von ihr daraus notierten Extrakte. (Hinweis auf Vernichtung der Briefe siehe Kapitel 2.) Da es nie eine Gesamtausgabe der Zimmer-Werke gab, versuchte sie 1981 einen anderen Verlag (Fischer Taschenbuch Verlag) dafür zu begeistern, erhielt aber nie eine Antwort. UB Basel, NL 335, A IId 4 (Tagebuch von Arbeit für Rheinverlag); D II 2 (Brief von Suhrkamp Verlag (Helene Ritzfeld) an Heyer-Grote, 26. 6. 1973; Brief von Heyer-Grote an Eugen Diederich Verlag, 7. 6. 1979; Brief von Heyer-Grote an Eugen Diederich Verlag, 27. 7. 1979; Brief von Heyer-Grote an Fischer Taschenbuch Verlag, 28. 9. 1981; Brief von Eugen Diederich Verlag an Heyer-Grote, 12. 6. 1979); C II 53 (Brief von Marie Landerer an Heyer-Grote, 28. 7. 1961); C II 64, 10; C II 64, 14 (Brief von Heyer-Grote an Martha Rhode, 31. 5. 1965).

Ihre Mitarbeit am Rhein-Verlag wurde 1965 vertieft. Neben dem Übersetzen von Büchern, war sie auch zuständig für das Korrektur lesen von Manuskripten. Zudem durfte sie dem Verlag vorgeschlagene Manuskripte und fremdsprachige Bücher zur Herausgabe empfehlen oder davon abraten[252].

1966 wird offensichtlich, dass dem Rhein-Verlag Geld fehlt. Die Geldprobleme des Verlags kamen u. a. dadurch auf, dass die Mehrheit der Aktien des Verlages verkauft worden sind und so in den Besitz des Südost-Verlags kamen. In ihrem Tagebuch zum Rhein-Verlag schrieb sie, dass 300'000 bis 400'000 Franken fehlten, um diese Aktien zurück zu kaufen und sich damit vom Münchner Einfluss zu befreien. Auch Heyer-Grote versuchte, Geld aufzutreiben und sprach verschiedene Personen aus dem Umfeld an. Schliesslich wurde der Rhein-Verlag im Herbst 1970 aufgelöst[253].

---

[252] UB Basel, NL 335, A IId 4; C II 64, 12 (Brief von Heyer-Grote an Martha Rohde, 22. 2. 1965).
[253] Bucher sprach mit Heyer-Grote darüber den Verlag der kapitalkräftigen Druckerei Winterthur anzuvertrauen. Auch die Verhandlungen mit dem Walter Verlag scheiterten. Zu den

7. Die Rolle der Frau aus der Sicht Heyer-Grotes

Im Zuge der Industrialisierung änderten sich die Arbeitsbedingungen, die Mobilität nahm zu und die Städte wuchsen. Dadurch verschwanden auch zunehmend traditionsgebundene Lebensweisen, und die Frau begann, Geld zu verdienen und sich zu emanzipieren. Die Geschlechterrolle und damit verbundene Beziehung zwischen den Geschlechtern, begann sich zu verändern[254]. Heyer-Grote hatte bereits 1918 die Einführung des Wahlrechts für die Frauen in Deutschland, und die damit im Vorfeld begonnene Frauenbewegung mit Argumentationen der Befürworter wie auch Gegner, miterlebt[255]. Vermutlich bekam

---

Personen, welche Heyer-Grote um finanzielle Hilfe bat, gehörten u. a. Ernst Ganz und Prof. Reichstein. UB Basel, NL 335, A Ic 1 ("Daten zu meinem Leben"); A IId 4 (Einträge von 7. Feb., 1. Juni, 6. Sept., 9. und 10. Dez. 1966);
[254] Studer, Brigitte: Frauen-/Geschlechtergeschichte (Historische Frauenforschung), Fribourg 1987, S. 2. Schober, Anna: Repräsentationen von Geschlecht und feministische Intervention. In: Gehmacher, Johanna/ Mesner, Maria (Hrsg.): Frauen- und Geschlechtergeschichte. Positionen/ Perspektive, Innsbruck 2003, S. 145-163, hier S. 153. UB Basel, NL335, B7, 3 (Manuskript Ehe in der Krise von Heyer-Grote, Jan. 1950, 29 Seiten, hier S. 17-19, 21).
[255] Im selben Jahr (1918) wurde das Frauenwahlrecht auch in Österreich, Polen und Russland eingeführt. Davor gab es das

sie auch die Propagandafahrt (Kutschenumzug) für das Frauenwahlrecht durch die Münchner Stadt der Frauenrechtlerinnen 1912 mit, studierte sie ja zu dieser Zeit an der Münchner Universität[256]. Aus Heyer-Grotes Brief an Friedrich Gundolf könnte man schliessen, dass Frauenrechtlerinnen frustrierte Hausfrauen waren, die einfach im Kollektiv auf ihre Männer schimpften. Dennoch war für

---

Frauenwahlrecht bereits in Neuseeland, Südaustralien, Finnland, Norwegen, Dänemark und Island. Zu den bekannten Frauenrechtlerinnen in München gehörten Sophia Goudstikker, Anita Augspurg, Ika Freudenberg, Luise Kiesselbach u. v. a. Augspurg und Goudstikker gründeten im Mai 1894 den Verein "Gesellschaft zur Förderung geistiger Interessen der Frau". Aus diesem Verein gingen (nach Pfeiffer, Zara S./Kulturreferat/Abt.3) zahlreiche Frauenvereine und -verbände. 1899 ist Augspurg Mitbegründerin des "Deutschen Vereins für Frauenstimmrecht". Wieser, Iris/ Internet-Redaktion LpB: 100 Jahre Frauenwahlrecht, 12. November 1918 - Geburtsstunde des Frauenwahlrechts, Stand September 2018, zu finden auf: https://www.lpb-bw.de/12_november.html, letzter Zugriff: 10. 12. 2018. Storm, Monika: 90 Jahre Frauenwahlrecht in Deutschland. Erste Wahl? Erste Wahl!, Mainz 2009, zu finden auf: https://www.politische-bildung-rlp.de/fileadmin/download_neu/Frauenwahlrecht.pdf, letzter Zugriff: 10. 12. 2018, S. 3. Pfeiffer, Zara S./ Kulturreferat/Abt. 3: ThemenGeschichts-Pfad, Die Geschichte der Frauenbewegung in München, München 2014, zu finden auf: http://www.kulturreferat.de/flash/tgp-frauen/TGP_Frauenbewegung_Aufl_3_2016_05.pdf, letzter Zugriff: 10. 12. 2018, S. 23, 24, 28-29, 76-77.
[256] Pfeiffer 2014, S. 73.

Heyer-Grote, als selbständige Frau, welche sich unabhängig von einem Manne oder der Familie den Lebensunterhalt verdiente, die Emanzipation der Frau in der Gesellschaft wohl keine unwichtige Entwicklung. So vertrat sie auch öffentlich ihre Meinung und versuchte aufzuzeigen, dass die Frau im Vergleich zum Mann nicht minderwertig sei und sich auch im öffentlichen Leben entfalten sollte[257].

---

[257] Die Bewegungen für das Frauenwahlrecht machten auf den Gleichheitsanspruch aus dem Naturrecht (alle Menschen sind frei und gleich geboren) aufmerksam. Am 7. Sept. 1958 erhielten die Basler Bürgerinnen schliesslich auf Gemeindeebene das Stimm- und Wahlrecht. Holzleithner, Elisabeth: Gleichheit-Ungleichheit-Differenz. Rechtliche Dimensionen der Geschlechterfrage in geschichtlicher Perspektive. In: Gehmacher, Johanna/ Mesner, Maria (Hrsg.): Frauen- und Geschlechtergeschichte. Positionen/ Perspektive, Innsbruck 2003, S. 91-107, hier S. 91. Bader-Zaar, Brigitta/ Gemacher, Johanna: Öffentlichkeit und Differenz. Aspekte einer Geschlechtergeschichte des Politischen. In: Gehmacher, Johanna/ Mesner, Maria (Hrsg.): Frauen- und Geschlechtergeschichte. Positionen/ Perspektive, Innsbruck 2003, S. 165-181, hier S. 170. Bischoff, Claudia: Frauen in der Krankenpflege. Zur Entwicklung von Frauenrolle und Frauenberufstätigkeit im 19. und 20. Jahrhundert, Frankfurt am Main 1984, S. 57, 65. UB Basel, NL 335, A IIb 6 ("Nachschrift des Lucy Heyer-Vortrags in Beuren", 12. 10. 1935); B1 (1955-1970, Psychologische Motive). Studer/Arlettaz 2008, S. 221. Institute of Germanic and Romance Studies, University of London, Friedrich Gundolf papers, V/Letters to Gundolf, H17 (Brief von Lucy Heyer-Grote an Friedrich Gundolf, 12. 7. 1919).

Die üblichen Argumente der Gegner (Frauen besässen verminderte Intelligenz und hätten aufgrund ihrer Gebärfähigkeit eine natürliche, ihr vorbestimmte Rolle im Hause inne), versuchte sie, aus psychologischer Sicht, zu entkräften[258]. Die Frau dürfe sich nicht mehr auf die veraltete Frauenrolle, als Gebärmaschine und dem Manne untergeordnet, zurückstufen lassen. Denn gerade eine emanzipierte Frau, welche entgegen ihrer Natur, sich dem Manne als ergebene Gattin unterordne und somit ihre emanzipierte Seite unterdrücke, würde mit der Zeit nicht nur zunehmend unzufriedener, sondern könne aufgrund dessen (Unterordnung) auch physisch krank werden. Dasselbe gelte aber auch für eine emanzipierte Frau, welche nur ihre emanzipierte Seite auslebe und dementsprechend ihre weibliche Seite unterdrücke. Sobald man nämlich (nach Heyer-Grote) einen Teil der "eigenen Realität" verleugne, folge als Konsequenz eine physische Erkrankung mit psychologischem Ursprung[259].

---

[258] Wieser/ Internet-Redaktion LpB 2018.
[259] UB Basel, NL 335, B1 (1929-1952, Heyer, Lucy: Die Frau und ihr Schatten. In: Der Psychologe. Berater für gesunde und praktische Lebensgestaltung. Psychologische Monatsschrift,

Die Intelligenz der Frauen betreffend, erklärte Heyer-Grote in ihrem Vortrag in Beuren (1935), dass Frauen mehr Mühe hätten, Dinge auswendig zu lernen, da sie, anders als die Männer, mehr gefühlsbetonte Menschen seien. So könne sich eine Frau Sachen besser merken, die mit Gefühlen verbunden seien und würde vieles aus dem Bauche heraus entscheiden. Dementsprechend hätten Studentinnen, die nicht aus dem Bauch entscheiden, mehr vegetative Störungen (Verdauungs- und Menstruationsbeschwerden). Da das öffentliche Leben vom Manne gestaltet werde und somit von dessen Dynamik bestimmt sei, falle es den Frauen auch hier schwer, Fuss zu fassen. Frauen, die sich emanzipieren, müssten, nach Heyer-Grote, erst lernen, nach gewollter Ordnung und Gerichtetheit zu arbeiten und nicht nach Lust und Laune[260]. Es sei

---

Sonderheft 7/8, Band III., Schwarzenburg Juli/August 1951, S. 297-302, hier S. 299, 1. Spalte bis S. 302, 2. Spalte).
[260] Erstmals sprach sie am 12. Oktober 1935 in Beuren über "die Produktivität und Disziplinierung der Frau" und verfasste später den Aufsatz: "Psychologische Motive im Kampf um das Frauenstimmrecht" (In: Graber, G. H. (Hrsg.): Der Psychologe, Monatsschrift für Psychologie und Lebensberatung, Schwarzenburg/Bern 1956, S. 47-51). Früher hatte sich die Frau dem Manne unterzuordnen, kümmerte sich um den Haushalt und die Kinder, während der Mann die Verantwortung für das Wohl

aber auch gefährlich für Frauen, ihre eigenen Werte aufzugeben, da sie dann nicht nur innerlich, sondern auch
äusserlich vermännlichen würden. Als Gegensatz dazu
gäbe es aber auch die verweiblichten Frauen, welche nur
aus emotionaler Intuition herausarbeiten und ihre weiblichen Fähigkeiten wie ein "Gorgonenschild" vor sich her
tragen würden[261].

Mit dem Nationalsozialistischen Regime wurde die Eman-
zipationsbewegung der Frau vorübergehend gedämpft,
Frauenvereine wurden aufgelöst und Aktivistinnen der ra-
dikalen bürgerlichen Frauenbewegung verfolgt. Die Frau
sollte wieder nur für Mann und Familie da sein[262]. So ist es

---

der Familie, die wirtschaftlichen Verhältnisse, sowie die Ehre
und das Ansehen des Hauses hatte. Mit der Industrialisierung
wurden Arbeitskräfte gebraucht, so dass, in den ärmeren Ge-
sellschaftsschichten beginnend, die Frauen sich Arbeit such-
ten. Die Umwälzung wurde schliesslich durch den Krieg noch
weiter vorangetrieben, denn während dem Krieg, übernahmen
die Frauen die Arbeiten der im Krieg dienenden Männer. Ba-
der-Zaar/ Gemacher 2003, S. 169. UB Basel, NL 335, A IIb 6
(Nachschrift des Lucy Heyer-Vortrags); B7, 3 (Ehe in der
Krise, S. 17-19, 21).
[261] UB Basel, NL 335, A IIb 6 (Nachschrift des Lucy Heyer-Vortrags).
[262] Kurz nach dem Ende des Zweiten Weltkriegs 1945 wurden
viele der, durch die Nationalsozialisten aufgelösten, Münchner

nicht verwunderlich, dass Heyer-Grote als emanzipierte Frau am 18. Mai 1946 an ihre Freundin Daisy Brody folgendes schrieb: „(...) *Ich kann jetzt – im Schutze der Demokratie – wieder mein altes Steckenpferd besteigen: mithelfen zur Verselbständigung der Frau und Stärkung der weiblichen Substanz in Deutschland – wozu heute der Boden günstig ist nach dem Fiasko des Männerstaates. (...)*[263]"

In ihrem Manuskript "Athene – der Genius in weiblicher Gestalt" skizziert Heyer-Grote, vermutlich sich selbst reflektierend, eine selbständige modernen Frau: Die "Amazone", wie Heyer-Grote sie bezeichnet, würde sich dank den Betätigungsmöglichkeiten unabhängig vom Mann entwickeln. Sie wolle in der Gesellschaft eigene Leistungen erbringen, Anerkennung erhalten und dementsprechend

---

Frauenorganisationen wieder ins Leben gerufen. So unter anderem der Verein für Fraueninteressen und Frauenarbeit, der Münchner Frauenclub, die Gemeinschaft deutscher und österreichischer Künstlerinnenvereine (Gedok) und der Katholische Frauenbund. Pfeiffer 2014, S. 30, 32, 34, 80-81, 118.

[263] Zitiert aus: UB Basel, NL 335, C II 9, 55 (Brief von Heyer-Grote an Daisy Brody, 18. 5. 1946).

sich auch nicht an einen angesehenen Mann binden. Gerade da sie in der Gesellschaft Leistungen erbringen wollen, reicht es ihnen auch nicht mehr, sich nur um die Familie zu kümmern. Weiter schreibt Heyer-Grote: *„(…)In ihrem positiven Aspekt ist die Amazone eine erfrischende Kameradin des Mannes, die ihn zu nichts persönlichem verpflichtet, eine seinen Ehrgeiz anspornende ernst zu nehmende Konkurrentin oder Rivalin, die das Beste seiner männlichen Leistung herausfordert[264]."*

---

[264] Heyer-Grote wollte nicht nur eine Mutter und Ehefrau sein, sondern auch etwas in der Gesellschaft bewirken und für ihre Arbeit Anerkennung erhalten. Mit ihrem Ehemann und doch selbstständig, hat sie versch. Therapieformen (Atem- und Bewegungstherapie) für Patienten ihres Ehemanns aber auch anderer Ärzte entwickelt. Sie war also zum einen sicherlich eine "erfrischende Kameradin" ihres Mannes, zum anderen könnte man sie und G. R. Heyer (später, nach ihrer Trennung von G. R. Heyer) als eine Art Konkurrenz zueinander wahrnehmen. Das Manuskript ist undatiert, könnte aber im Oktober 1976 von ihr verfasst worden sein. Aus ihrer Agenda von 1976 geht hervor, dass sie zu dieser Zeit an einer "Athene-Arbeit" war. In ihrem Nachlass befinden sich aber neben diesem Manuskript keine anderen Arbeiten zu Athene. Da Heyer-Grote den Nachlass geordnet hat, ist es auch möglich (eher unwahrscheinlich), dass diese "Athene-Arbeit" vorab aus dem Nachlass entfernt worden ist. UB Basel, NL 335, A Ie 13 (Eintrag vom 8. 10. 1976); B1 (1955-1970, Psychologische Motive, hier

Die selbständige Frau ist also nicht nur eine Kameradin des Mannes, sondern gewissermassen auch eine Konkurrentin, eine Rivalin gegenüber dem Mann. Noch in "Psychologische Motive im Kampf um das Frauenstimmrecht" 1956 schrieb Heyer-Grote, dass eine Frau vom Manne nie als Konkurrenz gesehen werden dürfe, da er sonst zu ihrem Gegner werde. So denke ein Mann „*Was braucht eine Frau Macht, Würde u. Ansehen in der Öffentlichkeit, diese Zeichen einer männlichen Bewältigung des Daseins? Sie hat ihren eigenen Herrschaftsbereich, ihre eigene Würde, ihren Ehrenplatz im Hause u. in der Familie, sie findet dort ihre Erfüllung im liebenden, opferbereiten u. ordnenden walten. (...)*[265]" Der Mann sehe also in der Frau seine Konkurrentin, was sie aber nicht sei, gerade da sie nicht die Vorrechte des politischen Wählens besitzen möchte, sondern ein Mitspracherecht wünsche. Aufgrund dessen

---

S. 48, 1. Spalte, S. 50, 1. Spalte); B7, 5 (Manuskript zu Psychologische Motive im Kampf um das Frauenstimmrecht); Zitiert aus: UB Basel, NL 335, B7, 9 (Manuskript über "Athene – der Genius in weiblicher Gestalt").
[265] UB Basel, NL 335, B1 (1955-1970, Psychologische Motive, S. 48, 2. Spalte). Zitiert aus: UB Basel, NL 335, B7, 5 (Psychologische Motive).

musste die Frau auch für ihr Mitspracherecht und die damit verbundene Beteiligung am politischen Leben erst kämpfen, da er sich in seinem Herrschaftsbereich bedroht fühlte. Zudem reagiere eine Frau im Politischen weiblich und nicht männlich. Für Heyer-Grote war der Kampf um politische Rechte der Frau zudem auch ein Ausdruck eines Wandels in der Beziehung zwischen Mann und Frau[266].

Heyer-Grote gab der Erziehung die Schuld daran, dass die Gesellschaft glaubte, ein Mann sei mehr wert als eine Frau. So werde dem Jungen stets gesagt, dass er etwas Besonderes sei, während das Mädchen leider nur ein Mädchen sei. Dementsprechend glaube der Mann auch später ein höheres Wesen als die Frau zu sein, während die Frau das Gefühl habe, weniger wert zu sein[267].

---

[266] UB Basel, NL 335, B1 (1955-1970, Psychologische Motive, S. 48, 1. Spalte bis S. 51, 1. Spalte); B7, 5 (Manuskript zu Psychologische Motive im Kampf um das Frauenstimmrecht).
[267] Die Idee, dass der (erwachsene) Mensch bereits in der Erziehung geprägt wird, wurde schon früher von verschiedensten Psychologen (u. a. beispielsweise von Alfred Adler und C. G. Jung) thematisiert. UB Basel, NL 335, B1 (1955-1970, Psychologische Motive, S. 4, 1. Spalte); B7, 5 (Psychologische Motive). Benetka, Gerhard: Die Psychoanalyse der Schüler

Wenngleich Heyer-Grote die Darstellung des Mannes als höheres Wesen in der Gesellschaft kritisierte, war die Frau im christlichen Abendland dennoch bessergestellt, als die Frau im islamischen Morgenland. Zur Frau im Orient schrieb Heyer-Grote: *„Man sieht sie, die verschleierte, 3 Schritt hinter ihrem Herrn u. Gebieter hergehen, die Last tragend, während er frei u. unbeschwert als der Herr u. Führer vorausschreitet; Aber auch innerhalb des Hauses wird deutlich, dass sie als ein Geschöpf geringerer Ordnung angesehen wird: ihre Mahlzeiten nimmt sie gemeinsam mit den Kindern ein, erst nachdem die männlichen Familienmitglieder sich an den besten Stücken gesättigt haben. Der Islam bietet ein extremes Beispiel der patriarch. Ordnung, die tief in den relig. Vorstellungen verwurzelt sind. Im christlichen Abendland fehlen solche religiös verankerten Überzeugungen; die Frau hat ihre selbständige Stellung in der Familie, wenngleich die Bibel fordert, dass das Weib dem Manne untertan sei "nach seiner Bestimmung". Die Stellung der sozialen Frau aber sank nie*

---

um Freud. Entwicklungen und Richtungen, Wiesbaden 2017, S. 6, 152, 183.

auf das Niveau eines so entwerteten, entrechteten, "see-
lenloses" Geschöpfes herab wie im Islam. Dies wäre un-
vereinbar mit der christl. These von der unverwechselbar-
individuellen gottgeschaffenen Seele, die jeder Mensch,
ob Mann oder Frau besitzt. So hat es denn im Rahmen der
mittelalterlichen Kirche nicht nur männl. Orden auch weibl.
Ordensgründer gegeben[268]."

8. Schluss

Wenngleich Heyer-Grote ihren Nachlass selber geordnet
und damit wohl in gewissem Masse auch "zensiert" hat,
ergibt sich doch ein stimmiges Gesamtbild vom Leben dieser, auch aus heutiger Sicht, emanzipierten und gebilde-
ten Frau, der es gelungen ist, im wechselvollen 20. Jahrhundert ein weitgehend unabhängiges und selbstbe-
stimmtes Leben zu führen:
Ein Familienleben, wie es zu Beginn des 20. Jahrhunderts

---

[268] Wo Heyer-Grote zu dieser Zeit diese Beobachtungen gemacht hat, kann nicht eruiert werden. Da ihr Sohn für seine
journalistischen Tätigkeiten in der ganzen Welt herumreiste, ist
es möglich, dass sie diese aus den Reportagen ihres Sohnes
(und evtl. Berichte anderer Auslandskorrespondenten) erfuhr.
Zitiert aus: UB Basel, NL 335, B7, 5 (Gedanken zur Frau im
Orient).

typisch war, hatte Sie in ihrer Kindheit nicht erlebt: der frühe Tod der Mutter, die häufige Abwesenheit des vielbeschäftigten Vaters bereitete sie nicht auf die damals noch übliche Frauenrolle als Hausfrau und Mutter vor. Überdies ermöglichte Ihr der Vater eine umfassende Bildung und gewährte Ihr, wie auch ihren Geschwistern, völlige Freiheit und Unterstützung bei der Berufswahl.

So entwickelte sie sich zu dieser emanzipierten Frau, die, neben ihrer Arbeit als unabhängige Atem- und Bewegungstherapeutin, zahlreiche gesellschaftliche Aktivitäten entwickelte, indem sie Vorträge oder Musikaufführungen organisierte, oder sich in Zeitungsartikeln öffentlich äusserte.

Der mangelnde Sinn für das Häusliche, der Vorzug, den Sie ihrer Arbeit und dem gesellschaftlichen Leben gegenüber dem Familienleben gab, führte in ihrer Ehe sicherlich zu Auseinandersetzungen. In wie weit, und ob die ausserehelichen Affären ihres Mannes dazu beitrugen, dass sie sich von ihm unabhängig machte (Ausbildung in der Psychoanalyse und Eröffnung einer eigenen Praxis), bleibt ungeklärt. Die Tatsache, dass ihr Mann ein notorischer

Fremdgänger war, war allerdings wohl nicht ihr Verschulden. Schliesslich hatte er schon zu Beginn der Beziehung mit Heyer-Grote (noch vor der Heirat 1917) zahlreiche Affären mit anderen Frauen gehabt.

Ihr unabhängiger beruflicher Weg im medizinischen Bereich war von der Tatsache geprägt, dass Sie als Frau ohne abgeschlossenes Medizinstudium von der Mehrheit des ärztlichen Establishments nicht voll akzeptiert wurde. Um Patienten zu erhalten, war sie auf die Überweisung durch Ärzte angewiesen, was sie dazu nötigte, Werbung für ihre Praxis und ihre Therapien zu machen. Ihr Versuch, 1944 in Psychologie zu promovieren, hatte sicher zum Ziel, mittels eines Doktortitels, mehr Respekt und Anerkennung aus dem beruflichen Umfeld zu gewinnen. Warum diesem Vorhaben der Erfolg versagt blieb, geht aus den Quellen nicht hervor.

Was die Grundlagen ihrer Arbeit (Atem- und Bewegungstherapie) betrifft, war sie nicht die einzige Frau zu dieser Zeit, welche solche Therapieformen anwandte, Kurse gab und Schüler unterrichtete. Ob und in wie weit die von ihr entwickelte Methodik die heutigen Atem- und Bewegungstherapien beeinflusst hat, ist unklar. Eine direkte Rezeption ihrer Therapien ist heutzutage jedenfalls nicht ersichtlich.

Wenngleich also Heyer-Grote heute in den einschlägigen Kreisen kaum namentlich bekannt ist, hat sie dennoch ein, im Angesicht der Zeitgeschichte, hochinteressantes Leben geführt. In Ihrem Leben spiegeln sich verschiedene historische Umstände und Geschehnisse, wie etwa die Einführung des Frauenwahlrechts, der Verlust und die Probleme der Wiedererlangung der Staatsbürgerschaft, sowie die Auswirkungen der Herrschaft der Nationalsozialisten und des zweiten Weltkriegs. Auch wenn Sie nicht öffentlich politisch auftrat, lebte Sie ein Leben im Gegensatz zur überkommenen Rolle der Frau. Wenngleich sie keinen aktiven Widerstand geleistet hat, geht aus ihrem unabhängigen Leben sowie aus ihrer Haltung, u.a. gegenüber Juden hervor, dass sie im deutlich erkennbaren Gegensatz zum Nationalsozialismus stand. Dennoch verblieb sie, vor allem aus familiären Gründen (ihr Sohn wurde eingezogen), vorerst im "Deutschen Reich" mit allen Folgen, die dies für ihr Leben während des 2. Weltkrieges hatte.

Die Quellenlage ermöglicht keine Einordnung von Heyer-Grotes Wirken im gesellschaftlichen Kontext. Man kann aber annehmen, dass Sie sich stetig und sicherlich auch mit Erfolg bemüht hat, Zugang zu den gesellschaftlich relevanten intellektuellen Kreisen Ihres jeweiligen örtlichen und zeitlichen Umfeldes zu erlangen.

Das Leben von Heyer Grothe erstreckt sich über einen Zeitraum, der, wie sonst kaum ein anderer in der neueren Geschichte, von tiefgreifenden, politischen und gesellschaftlichen Umbrüchen und Katastrophen geprägt war. Natürlich hatten diese Umstände, wie bei allen Ihren Zeitgenossen, grossen Einfluss auf Heyer Grothes Leben. Angesichts dessen aber, zeigt ihre Biographie, soweit sie aus den Quellen, insbesondere aus ihrem Nachlass erstellt werden kann, die erstaunlich kontinuierliche persönliche Entwicklung einer starken und unabhängigen Frau, die ihr Leben in schwierigen Zeitumständen erfolgreich gemeistert hat.

9. Literaturverzeichnis

9. 1 Quellen

9. 1. 1 Publiziert

Beschwerde von Frau Kremo für eine Wiedereinbürgerung In: Protokoll der 53. Sitzung des Schweizerischen Bundesrates vom 16. 8. 1952, S. 243-251, hier S. 247, zu finden auf: https://www.amtsdruckschriften.bar.admin.ch/vieworiginDoc/70016088.pdf?id=70016088&action=open, letzter Zugriff: 21. 7. 2021. (53. Sitzung des Schweizerischen Bundesrates 1952)

Bundesgesetz über Erwerb und Verlust des Schweizerbürgerrechts. In: Bundesblatt, Heft 40, Band III., 30. 11. 1952, S. 137-151, zu finden auf: https://www.amtsdruckschriften.bar.admin.ch/viewOrigDoc/10038030.pdf?id=10038030, letzter Zugriff: 21. 7. 2021. (Bundesblatt 1952)

Heyer-Grote, Lucy (Hrsg.): Atemschulung als Element der Psychotherapie, Darmstadt 1970. In Reihe: Wege der Forschung, Band LXV. (Heyer-Grote 1970)

Humanitas Riehen: Artikel in Humanitas Autalblättli.

Personen- und Studentenverzeichnisse der Universität München, von 1826-1946, digitalisiert zu finden auf: https://epub.ub.uni-muenchen.de/view/lmu/pverz.html, letzter Zugriff: 17. 9. 2018. (Studentenverzeichnisse d. Uni München 1826-1946)

Universitätsbibliothek Basel, Handschriftenabteilung: NL 335 (Nachlass Lucy Heyer-Grote, 1891-1991).

StABS, H43, Adressbuch der Stadt Basel und der Gemeinden Riehen und Bettingen 1953 (Bd. 85); 1954 (Bd. 86).

StABS, H43, Basler Adressbuch 1955 u. 1956, Adressbuch der Stadt Basel und der Gemeinden Riehen und Bettingen, 87. u. 88. Band.

9. 1. 2 Unpubliziert

Ahnenpass für Werner Grote, A. G: Grüneberg-Verlag, Marburg/Lahn. (Ahnenpass für Werner Grote)

Brief von Heyer-Grote an R. Lockot, 5. 9. 1980, Kopie von Dr. R. Lockot bereitgestellt am 11. 11. 2018.

Der Ahnenpass der Lucy Heyer geb. Grote, München, Verlag für Standesamtswesen G.m.b.h. Berlin SW 61. (Ahnenpass der Lucy Heyer).

ETH-Bibliothek Zürich, Hs 1056 (C. G. Jung, wissenschaftliche Korrespondenz).

Institute of Germanic and Romance Studies, University of London, Friedrich Gundolf papers, V/Letters to Gundolf.

Manuskriptabteilung der Library of Congress, (USA), Box I: 101, Ordner "No. 6,
Heyer-Grote, Lucy, uncompleted biography of Jung".

Universitätsbibliothek Basel, Handschriftenabteilung: NL 335 (Nachlass Lucy Heyer-Grote, 1891-1991).

9. 2 Personen und Institutionen

Fritz, Marc Oliver: Mail zu Lucy Heyer-Grote, 21. 7. 2020.

Grote, Peter: Interview zu Lucy Heyer-Grotes Leben, 11. 7. 2018.

Grote, Peter: Mail zu Lucy Heyer-Grote, 7. 10. 2018.

Dr. Lockot, Regine: Mail über ihren Kontakt mit Lucy Heyer-Grote, 9. 11. 2018.

Dr. Malin, Lisa: Mail zu Lucy Heyer-Grotes Arbeit in der Schweiz, 26. 11. 2018.

Dr. Malin, Lisa: Mail zur heutigen Rezeption von Lucy Heyer-Grotes Arbeit, 23. 11. 2018.

Knoop, Juliane: Mail zur Rosen Methode und möglicher Verbindung zu Heyer-Grotes Arbeit, 17. 12. 2018.

Levecq, Yella: Brief über ihre Erinnerungen zu Lucy Heyer-Grote, 6. 8. 2018.

Metzger-Buddenberg, Ingrid: Telefongespräch betreffend mögliche Kontaktaufnahme Heyer-Grotes zu Metzger-Buddenberg für eine Nachlassordnung, 24. 10. 2018.

Müller, Nicole, Sekretariat der Geschäftsführung im Klinikum Christophsbad: Mail betreffend Arbeit von Lucy Heyer-Grote im Christophsbad in Göppingen, 25. 9. 2018.

9. 2 Sekundärliteratur

Bader-Zaar, Brigitta/ Gemacher, Johanna: Öffentlichkeit und Differenz. Aspekte einer Geschlechtergeschichte des Politischen. In: Gehmacher, Johanna/ Mesner, Maria (Hrsg.): Frauen- und Geschlechtergeschichte. Positionen/ Perspektive. Innsbruck 2003, S. 165-181. (Bader-Zaar/ Gemacher 2003)

Benetka, Gerhard: Die Psychoanalyse der Schüler um Freud. Entwicklungen und Richtungen, Wiesbaden 2017.

Benz, Wolfgang: Der deutsche Widerstand gegen Hitler, München 2014.

Birn, Marco: Die Anfänge des Frauenstudiums in Deutschland, Heidelberg 2015.

Cocks, Geoffrey: Psychotherapy in the Third Reich. The Göring Institute, Oxford 1985.

Dietrich, Stefan: Atemrhythmus und Psychotherapie. Ein Beitrag zur Geschichte der Psychosomatik und ihrer Therapien. Bonn 1995. (Dietrich 1995)

Engert-Timmermann, Gabriele: Atem und Stimme – Spiegel des Innern. In: Kraus, Werner (Hrsg.): Die Heilkraft der Musik, Einführung in die Musiktherapie, München 1998, S. 78-89. (Engert-Timmermann 1998)

Holzleithner, Elisabeth: Gleichheit-Ungleichheit-Differenz. Rechtliche Dimensionen der Geschlechterfrage in geschichtlicher Perspektive. In: Gehmacher, Johanna/ Mesner, Maria (Hrsg.): Frauen- und Geschlechtergeschichte. Positionen/ Perspektive. Innsbruck 2003, S. 91-107.

Keifenheim, Katharina Eva: Hans von Hattingberg (1879-1944) Leben und Werk. Inaugral-Dissertation zur Erlangung des Doktorgrades der Medizin, Universität Tübingen 2011, zu finden auf: https://publikationen.uni-tuebingen.de/xmlui/bitstream/handle/10900/45898/pdf/Hans_von_Hattingberg.pdf?sequence=1, letzter Zugriff: 4. 1. 2019.

Köpp, Gisela: Leben mit Stimme-Stimme mit Leben. Die Atem- und Stimmkunst der Clara Schlaffhorst und Hedwig Andersen, Kassel 1995. (Köpp 1995)

Lockot, Regine/ Bergmann, Hans: Überblick über die Gründungsgeschichte der DGPT (Deutsche Gesellschaft für Psychoanalyse, Psychotherapie, Psychosomatik und Tiefenpsychologie), 2015.

Lockot, Regine: Erinnern und Durcharbeiten. Zur Geschichte der Psychoanalyse und Psychotherapie im Nationalsozialismus. Frankfurt am Main 1985. (Lockot 1985)

Mayland, Elaine L.: Rosen-Methode Körperarbeit, Bühl/Baden 2010. (Mayland 2010)

Schober, Anna: Repräsentationen von Geschlecht und feministische Intervention. In: Gehmacher, Johanna/ Mesner, Maria (Hrsg.): Frauen- und Geschlechtergeschichte. Positionen/ Perspektive. Innsbruck 2003, S. 145-163.

Studer, Brigitte/ Arlettaz, Gérald/ Argast Regula: Das Schweizer Bürgerrecht. Erwerb, Verlust, Entzug von 1848 bis zur Gegenwart, Zürich 2008. (Studer/Arlettaz 2008)

Studer, Brigitte: Frauen-/Geschlechtergeschichte (Historische Frauenforschung), Fribourg 1987.

Von Steinaecker, Karoline: Luftsprünge. Anfänge moderner Körpertherapien, München 2000. (Von Steinaecker 2000)

9. 2. 1 Webseiten

Akademie für Psychoanalyse und Psychotherapie München: Die Geschichte der Akademie Für Psychoanalyse und Psychotherapie. Zu finden auf: https://psychoanalyse-muenchen.de/geschichte#historische_wurzeln, letzter Zugriff: 3. 10. 2018.

Knoop, Juliane Maria: Marion Rosen, Rosen-Methode, Bühl-Waldmatt 2018, zu finden auf: http://www.rosenmethode.de/?page_id=40, letzter Zugriff: 15. 12. 2018.

Pfeiffer, Zara S./ Kulturreferat/Abt. 3: ThemenGeschichts-Pfad, Die Geschichte der Frauenbewegung in München, München 2014, zu finden auf: http://www.kulturreferat.de/flash/tgp-frauen/TGP_Frauenbewe-gung_Aufl_3_2016_05.pdf, letzter Zugriff: 10. 12. 2018. (Pfeiffer 2014)

Storm, Monika: 90 Jahre Frauenwahlrecht in Deutschland. Erste Wahl? Erste Wahl!, Mainz 2009, zu finden auf: https://www.politische-bildung-rlp.de/fileadmin/down-load_neu/Frauenwahlrecht.pdf, letzter Zugriff: 10. 12. 2018.

Talisman, Nomi/ Hibbert-Jones, Dee: "Marion Rosen talks about her training with Lucy Heyer", Interview 2008, zu finden auf: https://vimeo.com/64249909, letzter Zugriff: 28. 11. 2018. (Talisman/Hibbert 2008)

Talisman, Nomi/ Hibbert-Jones, Dee: Marion Rosen shares personal history, and how she came to Berkeley, CA, Interview 2005, zu finden auf: https://vimeo.com/61471414, letzter Zugriff: 28. 11. 2018. (Talisman/Hibbert 2005)

Universitätsbibliothek Basel (HAN): Nachlass 335: Lucy Heyer-Grote (1891-1991), zu finden auf: https://www.ub.unibas.ch/ibb/api/ubnachlass/perso-nen.html, letzter Zugriff: 30. 10. 2018. (Universitätsbibliothek, Nachlass 335)

Wieser, Iris/ Internet-Redaktion LpB: 100 Jahre Frauen-wahlrecht, 12. November 1918 - Geburtsstunde des Frauenwahlrechts, Stand September 2018, zu finden auf: https://www.lpb-bw.de/12_november.html, letzter Zugriff: 10. 12. 2018. (Wieser/ Internet-Redaktion LpB 2018)

9. 3 Abbildungen

Abb. 1 – 6 und Buchcover: Universitätsbibliothek Basel, Handschriftenabteilung: NL 335 (Nachlass Lucy Heyer-Grote, 1891-1991).

10. Anhang

10. 1 Tafel von Lucy Johanna Heyer-Grote

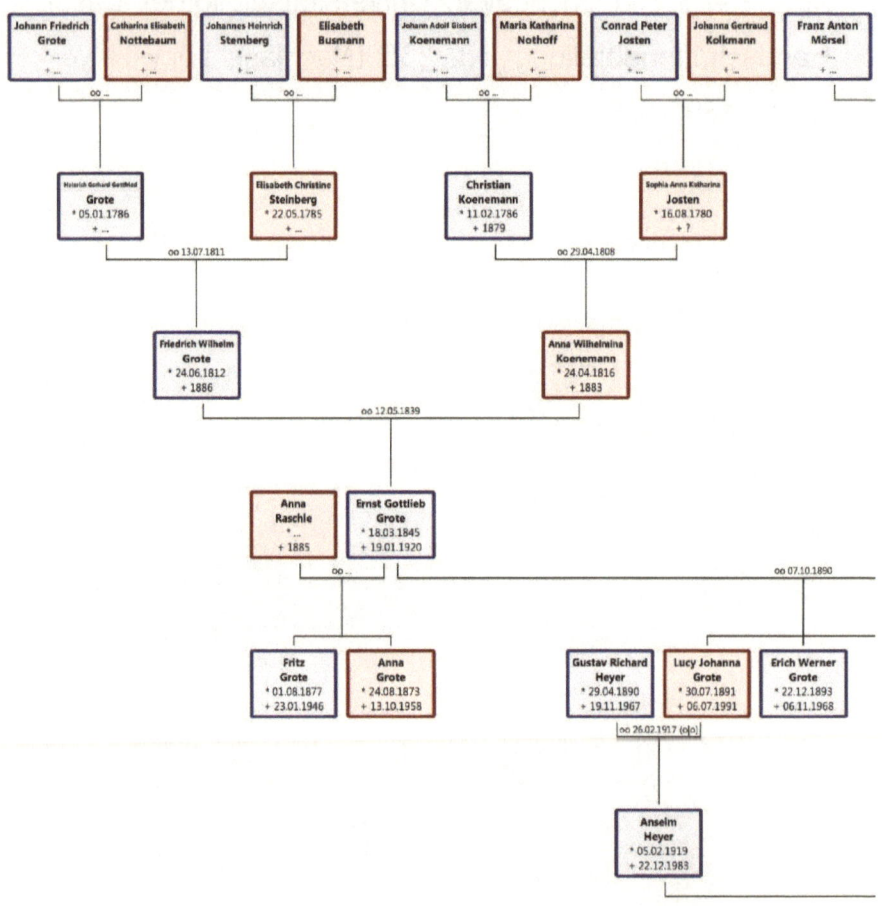

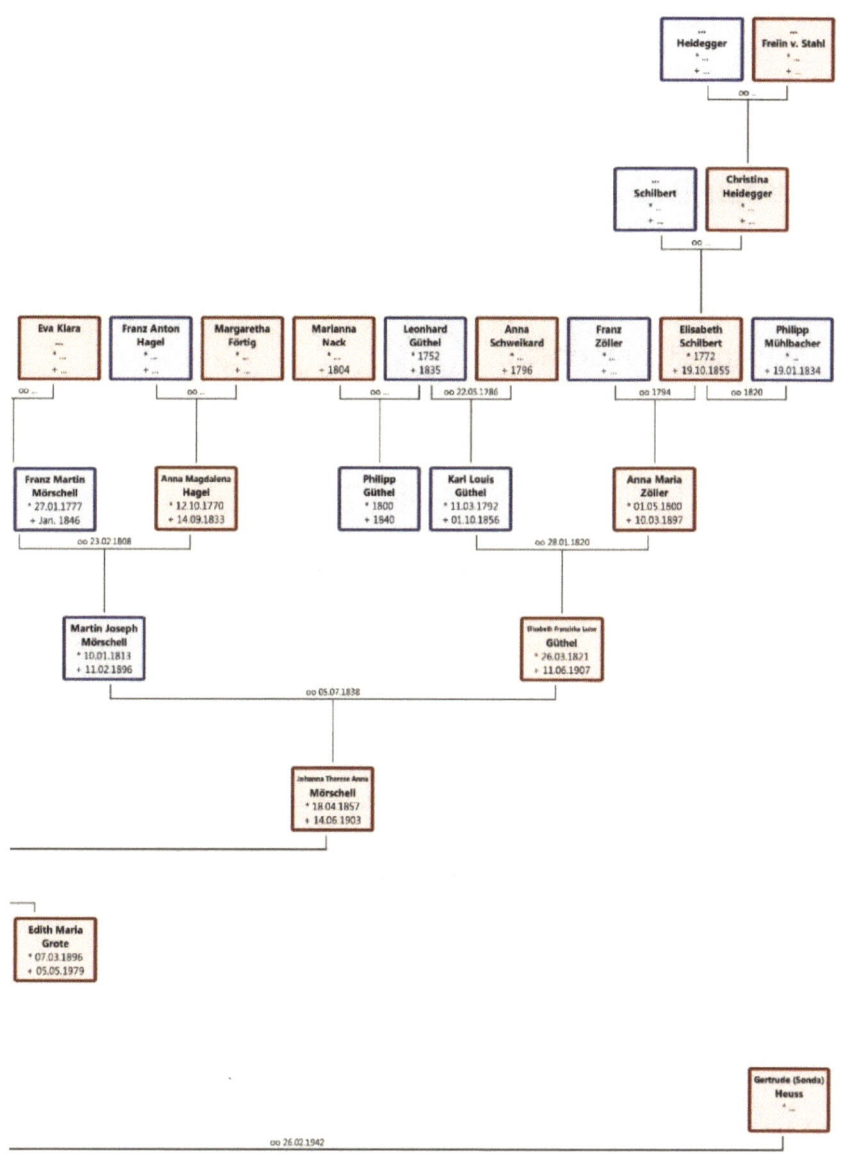

10. 2 Personenblätter der, in der Tafel dargestellten Personen

Heidegger

Geschlecht: männlich
Beruf: Forstmeister

Partner: Freiin v. Stahl [(ein Kind)]

Kinder: Christina Heidegger [(zwei Kinder)][269]

Freiin v. Stahl

Geschlecht: weiblich

Partner: Heidegger [(ein Kind)]

Kinder: Christina Heidegger [(zwei Kinder)] [270]

---

[269] UB Basel, NL 335, A IIa 9 (Auszüge zur Familie Mörschell, Familie Zöller und Familie Güthel).
[270] UB Basel, NL 335, A IIa 9 (Auszüge zur Familie).

... Schilbert

Geschlecht: männlich

Beruf: Grossherzoglicher badischer Salineninspektor

Partner: Christina Heidegger [(zwei Kinder)]

Kinder: Elisabeth Schilbert [1772 - 19. 10. 1855
    (ein Kind)]
    Georg Schilbert[271]

Christina Heidegger

Geschlecht: weiblich
geboren: in Nastetten

Vater: Heidegger [(ein Kind)]
Mutter: Freiin v. Stahl [(ein Kind)]

Partner: ... Schilbert [(zwei Kinder)]

---

[271] UB Basel, NL 335, A IIa 9 (Auszüge zur Familie).

Kinder: Elisabeth Schilbert [1772 - 19. 10. 1855

(ein Kind)]

Georg Schilbert

Anmerkungen: Unterschiedliche Schreibweisen:
Christine /Christina[272]

Johann Friedrich Grote

Geschlecht: männlich

Konfession: evangelisch

Partner: Catharina Nottebaum [(ein Kind)]

Kinder: Heinrich Gerhard Gottfried Grote [5. 1. 1786

(ein Kind)][273]

---

[272] UB Basel, NL 335, A IIa 9 (Auszüge zur Familie).
[273] Ahnenpass für Werner Grote, A. G: Grüneberg-Verlag,
Marburg/ Lahn. Der Ahnenpass der Lucy Heyer geb. Grote,
München, Verlag für Standesamtswesen G.m.b.h. Berlin SW
61.

Catharina Elisabeth Nottebaum

Geschlecht: weiblich

Konfession: evangelisch

Partner: Johann Grote [(ein Kind)]

Kinder: Heinrich Gerhard Gottfried Grote [5. 1. 1786
(ein Kind)][274]

Johannes Heinrich Stemberg

Geschlecht: männlich

Beruf: Schichtmeister

Konfession: evangelisch

Partner: Elisabeth Busmann [(ein Kind)]

Kinder: Elisabeth Christine Steinberg [22. 5. 1785
(ein Kind)][275]

---

[274] Ahnenpass für Werner Grote. Ahnenpass der Lucy Heyer.
[275] Ahnenpass für Werner Grote. Ahnenpass der Lucy Heyer.

Elisabeth Busmann

Geschlecht: weiblich

Konfession: evangelisch

Partner: Johannes Stemberg [(ein Kind)]

Kinder: Elisabeth Christine Steinberg [22. 5. 1785
(ein Kind)] [276]

Johann Adolf Gisbert Koenemann

Geschlecht: männlich

Partner: oo in Wupperfeld, Maria Nothoff [(ein Kind)]

Kinder: Christian Koenemann [11. 2. 1786 – 1879
(zwei Kinder)][277]

---

[276] Ahnenpass für Werner Grote. Ahnenpass der Lucy Heyer.
[277] Ahnenpass für Werner Grote. Ahnenpass der Lucy Heyer.
UB Basel, NL 335, A IIa 9 (Brief von Otto Biermann an Lucy
Heyer-Grote, 17. 11. 1938).

Maria Katharina Nothoff

Geschlecht: weiblich

Partner: oo in Wupperfeld, Johann Koenemann
[(ein Kind)]

Kinder: Christian Koenemann [11. 2. 1786 - 1879
(zwei Kinder)]

Anmerkungen: Unterschiedliche Schreibart:
Catharina / Katharina[278]

Conrad Peter Josten

Geschlecht: männlich

Partner: Johanna Kolkmann [(ein Kind)]

Kinder: Sophia Anna Katharina Josten [16. 8. 1780
(zwei Kinder)]

---

[278] Ahnenpass für Werner Grote. Ahnenpass der Lucy Heyer.
UB Basel, NL 335, A IIa 9 (Brief von Otto Biermann).

Anmerkungen: Randnotiz im Ahnenpass für Werner Grote: „*(verdeutschter Name von franz. Hugenotten)*"[279]

Johanna Gertraud Kolkmann

Geschlecht: weiblich

Konfession: evangelisch

gestorben: in Barmen- Wupperfeld

Partner: Conrad Josten [(ein Kind)]

Kinder: Sophia Anna Katharina Josten [16. 8. 1780
    (zwei Kinder)][280]

Franz Anton Mörsel

Geschlecht: männlich

Beruf: Metzger

Konfession: katholisch

---

[279] Zitiert aus: Ahnenpass für Werner Grote. Ahnenpass der Lucy Heyer. UB Basel, NL 335, A IIa 9 (Brief von Otto Biermann).
[280] Ahnenpass für Werner Grote. Ahnenpass der Lucy Heyer. UB Basel, NL 335, A IIa 9 (Brief von Otto Biermann).

Partner: Eva ... [(ein Kind)]

Kinder: Franz Martin Mörschell [27. 1. 1777 - Jan. 1846
(ein Kind)][281]

Eva Klara ...

Geschlecht: weiblich

Konfession: katholisch

Partner: Franz Mörsel [(ein Kind)]

Kinder: Franz Martin Mörschell [27.1.1777 - Jan. 1846
(ein Kind)]

Anmerkungen: Nachname könnte Knapp gewesen
sein.[282]

---

[281] Ahnenpass für Werner Grote. Ahnenpass der Lucy Heyer.
[282] Ahnenpass für Werner Grote. Ahnenpass der Lucy Heyer.

Franz Anton Hagel

Geschlecht: männlich
Beruf: Bäcker
Konfession: katholisch

Partner: Margaretha Förtig [(ein Kind)]

Kinder: Anna Magdalena Hagel [12. 10. 1770 - 14. 9. 1833 (ein Kind)][283]

Margaretha Förtig

Geschlecht: weiblich
Konfession: katholisch

Partner: Franz Hagel [(ein Kind)]

Kinder: Anna Magdalena Hagel [12. 10. 1770 - 14. 9. 1833 (ein Kind)][284]

---

[283] Ahnenpass für Werner Grote. Ahnenpass der Lucy Heyer.
[284] Ahnenpass für Werner Grote. Ahnenpass der Lucy Heyer.

Marianna Nack

Geschlecht: weiblich

gestorben: 1804

Partner: Leonhard Güthel [1752 - 1835 (drei Kinder)]

Kinder: Philipp Güthel [1800 - 1840 (ein Kind)][285]

Leonhard Güthel

Geschlecht: männlich

Beruf: Fvrhl. v. Wambold'scher Gutsverwalter

Konfession: katholisch

geboren: 1752 (Mainz)

gestorben: 1835 (in Birkenau b. Weinheim)

Partner: oo I. 22. 5. 1786 in St. Emmeran Mainz, Anna
Schweikard [... - 1796 (zwei Kinder)]
oo II. Marianna Nack [... - 1804 (ein Kind)]

Kinder: I. Karl Louis Güthel [11. 3. 1792 - 1. 10. 1856
(ein Kind)]

---

[285] UB Basel, NL 335, A IIa 9 (Auszüge zur Familie).

I. Katharina Güthel [1787 - 1842 (zwei Kinder)]

II. Philipp Güthel [1800 - 1840 (ein Kind)][286]

Anna Schweikard

Geschlecht: weiblich

Konfession: katholisch

geboren: in Mainz

gestorben: 1796 in Mainz

Partner: oo 22. 5. 1786 in St. Emmeran Mainz, Leonhard
Güthel [1752 - 1835 (drei Kinder)]

Kinder: Karl Louis Güthel [11. 3. 1792 - 1. 10. 1856
(ein Kind)]
Katharina Güthel [1787 - 1842 (zwei Kinder)][287]

---

[286] UB Basel, NL 335, A IIa 9 (Auszüge zur Familie). Ahnenpass für Werner Grote. Ahnenpass der Lucy Heyer.
[287] Ahnenpass für Werner Grote. Ahnenpass der Lucy Heyer.

Franz Zöller

Geschlecht: männlich

Beruf: Gastwirt "z. Geist" in Kirchweiler

Konfession: katholisch

Partner: oo 1794 in Mannheim, Elisabeth Schilbert
[1772 - 19. 10. 1855 (ein Kind)]

Kinder: Anna Maria Zöller [1. 5. 1800 - 10. 3. 1897
(ein Kind)][288]

Elisabeth Schilbert

Geschlecht: weiblich

Konfession: katholisch

geboren: 1772

gestorben: Karlsruhe 19. 10. 1855

Vater: ... Schilbert [(zwei Kinder)]

Mutter: Christina Heidegger [(zwei Kinder)]

Geschwister: Georg Schilbert

---

[288] UB Basel, NL 335, A IIa 9 (Auszüge zur Familie). Ahnenpass für Werner Grote. Ahnenpass der Lucy Heyer.

Partner: oo I. 1794 in Mannheim, Franz Zöller [(ein Kind)]

oo II. 1820 in Mannheim, Philipp Mühlbacher

[... - 19. 1. 1834]

Kinder: I. Anna Maria Zöller [1. 5. 1800 - 10. 3. 1897

(ein Kind)]

Anmerkungen: Ihre zweite Ehe mit Philipp Mühlbacher blieb Kinderlos.[289]

Philipp Mühlbacher

Geschlecht: männlich
Beruf: Advokat in Mannheim
geboren: in Würzburg
gestorben: 19. 1. 1834

Partner: oo 1820 in Mannheim, Elisabeth Schilbert

[1772 - 19. 10. 1855 (ein Kind)][290]

---

[289] UB Basel, NL 335, A IIa 9 (Auszüge zur Familie). Ahnenpass für Werner Grote. Ahnenpass der Lucy Heyer.
[290] UB Basel, NL 335, A IIa 9 (Auszüge zur Familie).

Heinrich Gerhard Gottfried Grote

Geschlecht: männlich

Beruf: Schuhmacher

Konfession: Evangelisch

geboren: 5. 1. 1786 (in Dortmund)

Vater: Johann Friedrich Grote [(ein Kind)]

Mutter: Catharina Elisabeth Nottebaum [(ein Kind)]

Partner: oo 13. 7. 1811 in Dortmund, Elisabeth Steinberg
[22. 5. 1785 (ein Kind)]

Kinder: Friedrich Wilhelm Grote [24.6.1812 – 1886
(12 Kinder)][291]

Elisabeth Christine Steinberg

Geschlecht: weiblich

Konfession: Evangelisch

geboren: 22. 5. 1785 in Laer (Bochum)

---

[291] Ahnenpass für Werner Grote. Ahnenpass der Lucy Heyer.
UB Basel, NL 335, A IIa 9 (Brief von Otto Biermann).

Vater: Johannes Heinrich Stemberg [(ein Kind)]

Mutter: Elisabeth Busmann [(ein Kind)]

Partner: oo 13. 7. 1811 in Dortmund, Heinrich Grote
[5. 1. 1786 (ein Kind)]

Kinder: Friedrich Wilhelm Grote [24. 6. 1812 - 1886
(12 Kinder)][292]

Christian Koenemann

Geschlecht: männlich

Beruf: Bäcker, Konditor, Mühlenbesitzer

Konfession: evangelisch-lutherisch

geboren: 11. 2. 1786 in Barmen- Wupperfeld

gestorben: 1879 in Barmen

Vater: Johann Adolf Gisbert Koenemann [(ein Kind)]

Mutter: Maria Katharina Nothoff [(ein Kind)]

Partner: oo 29. 4. 1808 in Wupperfeld, Sophia Josten
[16. 8. 1780 (zwei Kinder)]

---

[292] Ahnenpass für Werner Grote. Ahnenpass der Lucy Heyer.
UB Basel, NL 335, A IIa 9 (Brief von Otto Biermann).

Kinder: Anna Wilhelmina Koenemann [24. 4. 1816 -1883

(12 Kinder)]

Carl Koenemann[293]

Sophia Anna Katharina Josten

Geschlecht: weiblich

Konfession: evangelisch-reformiert

geboren: 16. 8. 1780 (in Kettwing an der Ruhr)

getauft: 23. 8. 1780 (in Kettwig)

Vater: Conrad Peter Josten [(ein Kind)]

Mutter: Johanna Gertraud Kolkmann [(ein Kind)]

Partner: oo 29. 4. 1808 in Wupperfeld, Christian

Koenemann [11. 2. 1786 - 1879 (zwei Kinder)]

Kinder: Anna Wilhelmina Koenemann [24. 4. 1816 –1883

(12 Kinder)]

Carl Koenemann

---

[293] Ahnenpass für Werner Grote. Ahnenpass der Lucy Heyer.
UB Basel, NL 335, A IIa 9 (Brief von Otto Biermann).

Anmerkungen: Unterschiedliche Schreibweisen: Katharina/Catharina; Sie starb nach der goldenen Hochzeit mit ihrem Manne 1858.[294]

Franz Martin Mörschell

Geschlecht: männlich
Beruf: Zuckerbäcker
Konfession: katholisch
geboren: 27. 1. 1777 in Miltenberg Main
gestorben: Jan. 1846 in Miltenberg Main

Vater: Franz Anton Mörsel [(ein Kind)]
Mutter: Eva Klara ... [(ein Kind)]

Partner: oo 23. 2. 1808 in Miltenberg Main, Anna Hagel
[12. 10. 1770 - 14. 9. 1833 (ein Kind)]

---

[294] Ahnenpass für Werner Grote. Ahnenpass der Lucy Heyer.
UB Basel, NL 335, A IIa 9 (Brief von Otto Biermann).

Kinder: Martin Joseph Mörschell [10. 1. 1813 -

11. 2. 1896 (vier Kinder)][295]

Anna Magdalena Hagel

Geschlecht: weiblich

Konfession: katholisch

geboren: 12. 10. 1770 (in Miltenberg Main)

gestorben: 14. 9. 1833

Vater: Franz Anton Hagel [(ein Kind)]

Mutter: Margaretha Förtig [(ein Kind)]

Partner: oo 23. 2. 1808 in Miltenburg Main, Franz

Mörschell [27. 1. 1777 - Jan. 1846 (ein Kind)]

Kinder: Martin Joseph Mörschell [10. 1. 1813 -

11. 2. 1896 (vier Kinder)][296]

---

[295] Ahnenpass für Werner Grote. Ahnenpass der Lucy Heyer.
[296] Ahnenpass für Werner Grote. Ahnenpass der Lucy Heyer.

Philipp Güthel

Geschlecht: männlich

Beruf: Kaufmann, hess. Steuereinnehmer

geboren: 1800

gestorben: 1840

Vater: Leonhard Güthel [1752 - 1835 (drei Kinder)]

Mutter: Marianna Nack [... - 1804 (ein Kind)]

Geschwister: Karl Louis Güthel [11. 3. 1792 - 1. 10. 1856

(ein Kind)]

Katharina Güthel [1787 – 1842

(zwei Kinder)]

Partner: oo 1828, Luise Strauss [... - 1832 (ein Kind)]

Kinder: Amalie Güthel [1830 - 1833][297]

---

[297] UB Basel, NL 335, A IIa 9 (Auszüge zur Familie).

Karl Louis Güthel

Geschlecht: männlich

Beruf: Uhrmacher u. Waisenrichter in Weinheim

Konfession: katholisch

geboren: 11. 3. 1792 (in Mainz)

gestorben: 1. 10. 1856 (in Obereisenheim)

Vater: Leonhard Güthel [1752 - 1835 (drei Kinder)]

Mutter: Anna Schweikard [... - 1796 (zwei Kinder)]

Geschwister: Katharina Güthel [1787 - 1842
(zwei Kinder)]
Philipp Güthel [1800 - 1840 (ein Kind)]

Partner: oo 28. 1. 1820 in Mannheim, Anna Zöller
[1. 5. 1800 - 10. 3. 1897 (ein Kind)]

Kinder: Elisabeth Franziska Luise Güthel [26. 3. 1821 -
11. 6. 1907 (vier Kinder)]

Anmerkungen: Unterschiedliche Schreibweisen:
Louis / Ludwig[298]

Anna Maria Zöller

Geschlecht: weiblich

Konfession: katholisch

geboren: 1. 5. 1800 in Mannheim

gestorben: 10. 3. 1897 in Miltenberg Main

Vater: Franz Zöller [(ein Kind)]

Mutter: Elisabeth Schilbert [1772 - 19. 10. 1855
    (ein Kind)]

Partner: oo 28. 1. 1820 in Mannheim, Karl Güthel
    [11. 3. 1792 - 1. 10. 1856 (ein Kind)]

Kinder: Elisabeth Franziska Luise Güthel
    [26. 3. 1821 - 11. 6. 1907 (vier Kinder)][299]

---

[298] Ahnenpass für Werner Grote. Ahnenpass der Lucy Heyer.
UB Basel, NL 335, A IIa 9 (Auszüge zur Familie).
[299] Ahnenpass für Werner Grote. Ahnenpass der Lucy Heyer.
UB Basel, NL 335, A IIa 9 (Auszüge zur Familie).

Friedrich Wilhelm Grote

Geschlecht: männlich

Beruf: Kaufmann

Konfession: Evangelisch-lutherisch

geboren: 24. 6. 1812 (in Dortmund)

gestorben: 1886

begraben: 16. 6. 1886 (in Wupperfeld)

Vater: Heinrich Gerhard Gottfried Grote [5. 1. 1786
      (ein Kind)]

Mutter: Elisabeth Christine Steinberg [22. 5. 1785
      (ein Kind)]

Partner: oo 12. 5. 1839 in Barmen-Wupperfeld, Anna
      Koenemann [24. 4. 1816 – 1883 (12 Kinder)]

Kinder: Wilhelmine Juliane Grote [11. 5. 1841 -
      30. 9. 1920 (ein Kind)]
      Ernst Gottlieb Grote [18. 3. 1845 - 19. 1. 1920
      (fünf Kinder)]
      Adolf Grote [1829]
      Hermann Grote [1843 - 22. 9. 1891]
      Emil Grote [1847]

Lydia Grote

Johannes Grote

Wilhelm Grote

Anna Grote

Ewald Grote

Gottlieb Grote

Gustav Grote

Anmerkungen: Genaues Todesdatum ist unklar.[300]

Anna Wilhelmina Koenemann

Geschlecht: weiblich

Konfession: Evangelisch-reformiert

geboren: 24. 4. 1816 in Barmen- Wupperfeld

gestorben: 1883 in Barmen- Wupperfeld

begraben: 12. 10. 1883 in Barmen- Wupperfeld

Vater: Christian Koenemann [11. 2. 1786 – 1879

　　　(zwei Kinder)]

---

[300] Ahnenpass für Werner Grote. Ahnenpass der Lucy Heyer. UB Basel, NL 335, A IIa 9 (Brief von Otto Biermann); Heyer-Grote: "Geschwister von meinem Vater").

Mutter: Sophia Anna Katharina Josten [16. 8. 1780
(zwei Kinder)]

Geschwister: Carl Koenemann

Partner: oo 12. 5. 1839 in Barmen- Wupperfeld, Friedrich
Grote [24. 6. 1812 - 1886 (12 Kinder)]

Kinder: Wilhelmine Juliane Grote [11. 5. 1841 -
30. 9. 1920 (ein Kind)]
Ernst Gottlieb Grote [18. 3. 1845 - 19. 1. 1920
(fünf Kinder)]
Adolf Grote [1829]
Hermann Grote [1843 - 22. 9. 1891]
Emil Grote [1847]
Lydia Grote
Johannes Grote
Wilhelm Grote
Anna Grote
Ewald Grote
Gottlieb Grote
Gustav Grote

Anmerkungen: Das Todesdatum ist unklar. Sie wurde am 12. 10. 1883 beigesetzt.[301]

Martin Joseph Mörschell

Geschlecht: männlich

Beruf: Bezirksarzt

Konfession: Katholisch

geboren: Miltenberg Main 10. 1. 1813

gestorben: Miltenberg Main 11. 2. 1896

Vater: Franz Martin Mörschell [27. 1. 1777 - Jan. 1846
    (ein Kind)]

Mutter: Anna Magdalena Hagel [12. 10. 1770 -
    14. 9. 1833 (ein Kind)]

Partner: oo 5. 7. 1838 in Weinheim/ Bergstr., Elisabeth
    Güthel [26. 3. 1821 - 11. 6. 1907 (vier Kinder)]

Kinder: Johanna Therese Anna Mörschell [18. 4. 1857 -
14. 6. 1903 (drei Kinder)]

---

[301] Ahnenpass für Werner Grote. Ahnenpass der Lucy Heyer.
UB Basel, NL 335, A IIa 9 (Brief von Otto Biermann; Geschwister).

Karl Mörschell

Ludwig Mörschell [18. 10. 1843]

Fritz-Friedrich Mörschell[302]

Elisabeth Franziska Luise Güthel

Geschlecht: weiblich

geboren: 26. 3. 1821(in Weinheim/Bergstrasse)

gestorben: 11. 6. 1907

Vater: Karl Louis Güthel [11. 3. 1792 - 1. 10. 1856
(ein Kind)]

Mutter: Anna Maria Zöller [1. 5. 1800 - 10. 3. 1897
(ein Kind)]

Partner: oo 5. 7. 1838, Martin Mörschell [10. 1. 1813 -
11. 2. 1896 (vier Kinder)]

Kinder: Johanna Therese Anna Mörschell
[18. 4. 1857 - 14. 6. 1903 (drei Kinder)]
Karl Mörschell

---

[302] UB Basel, NL 335, A IIa 6 (Beschriftete Umschläge mit Verwandtheitsgrad); A IIa 9 (Auszüge zur Familie). Ahnenpass für Werner Grote. Ahnenpass der Lucy Heyer.

Ludwig Mörschell [18. 10. 1843]

Fritz-Friedrich Mörschell[303]

Anna Raschle

Geschlecht: weiblich

geboren: in Wattwil in Toggenburg

gestorben: 1885

Geschwister: Klara Raschle

Partner: Ernst Grote [18. 3. 1845 - 19. 1. 1920
   (fünf Kinder)]

Kinder: Anna Grote [24. 8. 1873 - 13. 10. 1958]
   Fritz Grote [1.8.1877 - 23.1.1946 (ein Kind)][304]

---

[303] Ahnenpass für Werner Grote. Ahnenpass der Lucy Heyer.
UB Basel, NL 335, A IIa 9 (Auszüge zur Familie).
[304] UB Basel, NL 335, C I, 1 (Zum Leben von Anna Grote, Text
zu ihrer Bestattung am 16. 10. 1958).

Ernst Gottlieb Grote

Geschlecht: männlich

Beruf: Kaufmann

Konfession: Evangelisch-lutherisch

geboren: 18. 3. 1845 (in Barmen-Wupperfeld)

getauft: 21. 4. 1845

Kirche: Gemeinde Wupperfeld in Wuppertal

gestorben: 19. 1. 1920 (in Minusio, Locarno)

begraben: Basel

Vater: Friedrich Wilhelm Grote [24. 6. 1812 – 1886
(zwei Kinder)]

Mutter: Anna Wilhelmina Koenemann [24. 4. 1816 – 1883
(zwei Kinder)]

Geschwister: Wilhelmine Juliane Grote [11. 5. 1841 -
3. 9. 1920 (ein Kind)]

Adolf Grote [1829]

Hermann Grote [1843 - 22. 9. 1891]

Emil Grote [1847]

Lydia Grote

Johannes Grote

Wilhelm Grote

Anna Grote

Ewald Grote

Gottlieb Grote

Gustav Grote

Partner: oo I. Anna Raschle [... - 1885 (zwei Kinder)]

oo II. 7. 1. 1890 in Aschaffenburg, Johanna

Mörschell [18. 4. 1857 - 14. 6. 1903

(drei Kinder)]

Kinder: I. Anna Grote [24. 8. 1873 - 13. 1. 1958]

I. Fritz Grote [1. 8. 1877 - 23. 1. 1946 (ein Kind)]

II. Lucy Johanna Grote [30. 7. 1891 - 6. 7. 1991

(ein Kind)]

II. Erich Werner Grote [22. 12. 1893 - 6. 11. 1968

(ein Kind)]

II. Edith Maria Grote [7. 3. 1896 - 5. 5. 1979

(ein Kind)]

Anmerkungen: Aus den Notizen Heyer-Grotes geht
hervor, dass Ernst G. Grote in Basel als Prokurist bei
Durand, Huguenin u. Co. tätig war. In Riga leitete er
eine Fabrik für die Frankfurter Farbenfabrik Leopold
Cassella u. Co. Ernst Grote starb an innerer Blutung.

Es wurde ein Aufbrechen eines Darmgeschwürs oder eine Verletzung durch Gallensteine vermutet.[305]

Johanna Therese Anna Mörschell

Geschlecht: weiblich

Konfession: Katholisch

geboren: 18. 4. 1857 in Lichtenau

gestorben: 14. 6. 1903 in Riga (Lettland)

Vater: Martin Joseph Mörschell [10. 1. 1813 - 11. 2. 1896 (vier Kinder)]

Mutter: Elisabeth Franziska Luise Güthel [26. 3. 1821-11. 6. 1907 (vier Kinder)]

---

[305] Ahnenpass für Werner Grote. Ahnenpass der Lucy Heyer. UB Basel, NL 335, A lc 2; A lc 4 (Brief von Heyer-Grote); A le 10 (1973, Monatsübersicht, hier Eintrag unter März); A le 30; A IIa 8 (Brief von Werner Grote); A IIa 9 (Geschwister; Auszüge zur Familie; Auszug aus dem Taufregister der Evang.-luth. Gemeinde Wupperfeld in Wuppertal, Täufling Ernst Gottlieb Grote; Einladung zur Hochzeitsfeier von Johanna Mörschell und Ernst Grote, 7. 10. 1890).

Geschwister: Karl Mörschell

Ludwig Mörschell [18. 10. 1843]

Fritz-Friedrich Mörschell

Partner: oo 7. 10. 1890 in Aschaffenburg, Ernst Grote

[18. 3. 1845 - 19. 1. 1920 (fünf Kinder)]

Kinder: Lucy Johanna Grote [30. 7. 1891 - 6. 7. 1991
(ein Kind)]

Erich Werner Grote [22. 12. 1893 - 6. 11. 1968
(ein Kind)]

Edith Maria Grote [7. 3. 1896 - 5. 5. 1979
(ein Kind)]

Anmerkungen: Unterschiedliche Schreibweisen:
Johanna/ Johanne; Moerschell/ Mörschell
Sie arbeitete mit ihrem Bruder Fritz Mörschell in einem
Kurhotel in England. 1903 starb sie an einem Hirntumor.
Zudem hatte sie eine Nichte namens Helene Mörschell.[306]

---

[306] Ahnenpass für Werner Grote. Ahnenpass der Lucy Heyer.
UB Basel, NL 335, A Ic 2; A Ie 10 (1973, Monatsübersicht, hier

Fritz Grote

Geschlecht: männlich

Beruf: Nervenarzt

geboren: 1. 8. 1877 (in Basel)

gestorben: 23. 1. 1946 (in Basel)

Vater: Ernst Gottlieb Grote [18. 3. 1845 - 19. 1. 1920
(fünf Kinder)]

Mutter: Anna Raschle [... - 1885 (zwei Kinder)]

Geschwister: Anna Grote [24. 8. 1873 - 13. 10. 1958]

Lucy Johanna Grote [30. 7. 1891 -

6. 7. 1991 (ein Kind)]

Erich Werner Grote [22. 12. 1893 -

6. 11. 1968 (ein Kind)]

Edith Maria Grote [7. 3. 1896 - 5. 5. 1979

(ein Kind)]

Partner: "Friedy" Seiler [(ein Kind)]

Eintrag unter Juni); A IIa 6 (Verwandtheitsgrad); A IIa 9 (Auszüge zur Familie; Todesanzeige von Johanne Grote; Hochzeitsfeier).

Anmerkungen: Er war Chefarzt des Kurhauses "Sonn-matt" bei Luzern und starb 1946 an Lungenkrebs.

Im Monatsübersicht August ihrer Agenda von 1973 no-tierte Lucy Heyer-Grote 1878 als Jahrgang ihres Bruders Fritz Grote.[307]

Anna Grote

Geschlecht: weiblich

Beruf: Erzieherin

geboren: 24. 8. 1873

gestorben: 13. 10. 1958 (in Basel)

Vater: Ernst Gottlieb Grote [18. 3. 1845 - 19. 1. 1920
    (fünf Kinder)]
Mutter: Anna Raschle [... - 1885 (zwei Kinder)]

Geschwister: Fritz Grote [1. 8. 1877 - 23. 1. 1946
    (ein Kind)]

---

[307] UB Basel, NL 335, A Ic 2; A Ie 10 (1973, Monatsübersicht, hier Eintrag unter Januar und August); A Ie 30; A IIa 9 (Todes-anzeige von Fritz Grote, 23. 1. 1946; M. R. -K.: Zum Tode von Dr. med. Fritz Grote. In: Basler Nachr. Januar 1946); C II 9, 56.

Lucy Johanna Grote [3. 7. 1891 - 6. 7. 1991

(ein Kind)]

Erich Werner Grote [22. 12. 1893 -

6. 11. 1968 (ein Kind)]

Edith Maria Grote [7. 3. 1896 - 5. 5. 1979

(ein Kind)]

Anmerkungen: Könnte es sich hier auch um Anna Elise
Wilhelmine Grote (*25. 8. 1873) handeln?[308]

Gustav Richard Heyer

Geschlecht: männlich

Beruf: Nervenarzt

Konfession: evangelisch

geboren: 29. 4. 1890 (in Kreuznach)

gestorben: 19. 11. 1967 (in Nussdorf am Inn)

---

[308] Beide Einträge Anna Grote 24. 8. 1873 und Anna E. W.
Grote 25. 8. 1873 sind in "The Illustrated Birthday Text Book.
Longwellow" zu finden. UB Basel, NL 335, A Ic 2; A Ie 10
(1973, Monatsübersicht, hier Eintrag unter August und Oktober); A Ie 30; C I, 1 (Zum Leben von Anna Grote).

Vater: Carl Heyer [2. 2. 1854 - 16. 7. 1935 (zwei Kinder)]

Mutter: Erna Harnier [15. 11. ? - 10. 3. 1948

(zwei Kinder)]

Geschwister: Wolfgang Heyer [30. 8. 1892 - 4. 10. 1917]

Partner: oo I. 26. 2. 1917 in München, Lucy Grote

[30. 7. 1891 - 6. 7. 1991 (ein Kind)]

(o|o 6. 12. 1933 in München)

oo II. Friederike Zobel [27. 1. 1897 (ein Kind)]

Kinder: I. Anselm Heyer [5. 2. 1919 - 22. 12. 1983

(zwei Kinder)]

II. Viviane Heyer [9. 9. 1927/28 (ein Kind)][309]

Lucy Johanna Grote

Geschlecht: weiblich

Beruf: Tanz-, Musiktherapeutin und Psychotherapeutin

Konfession: evangelisch

---

[309] UB Basel, NL 335, A Ie 30; A Ic 3 ("Einfälle und Notizen für Bios"); A Ie 10 (1973, Monatsübersicht, hier Einträge unter April und November). Ahnenpass der Lucy Heyer.

geboren: 30. 7. 1891 (in Basel)

gestorben: 6. 7. 1991 (in Basel)

Vater: Ernst Gottlieb Grote [18. 3. 1845 - 19. 1. 1920

(fünf Kinder)]

Mutter: Johanna Therese Anna Mörschell [18. 4. 1857 -

14. 6. 1903 (drei Kinder)]

Geschwister: Anna Grote [24. 8. 1873 - 13. 10. 1958]

Fritz Grote [1. 8. 1877 - 23. 1. 1946

(ein Kind)]

Erich Werner Grote [22. 12. 1893 -

6. 11. 1968 (ein Kind)]

Edith Maria Grote [7. 3. 1896 - 5. 5. 1979

(ein Kind)]

Partner: oo 26.2.1917 in München, Gustav Heyer

[29. 4. 1890 - 19. 11. 1967 (zwei Kinder)]

(o|o 6. 12. 1933 in München)

Kinder: Anselm Heyer [5. 2. 1919 - 22. 12. 1983

(zwei Kinder)][310]

Erich Werner Grote

Geschlecht: männlich

Beruf: Chemiker

Konfession: Evangelisch

geboren: 22. 12. 1893 (in Basel)

gestorben: 6. 11. 1968 (in Basel)

Vater: Ernst Gottlieb Grote [18. 3. 1845 - 19. 1. 1920

(fünf Kinder)]

Mutter: Johanna Therese Anna Mörschell [18. 4. 1857 -

14. 6. 1903 (drei Kinder)]

Geschwister: Anna Grote [24. 8. 1873 - 13. 10. 1958]

Fritz Grote [1. 8. 1877 - 23. 1. 1946

(ein Kind)]

---

[310] Ahnenpass der Lucy Heyer. UB Basel, NL 335, A Ia 1-5; A Ib 4 (Bestätigung des Polizei-Departement); A Ic 2; A Ic 3 ("Einfälle und Notizen für Bios"); A Ic 4 (Brief von Heyer-Grote); A IIa 9 (Auszüge zur Familie).

Lucy Johanna Grote [30. 7. 1891 -

6. 7. 1991 (ein Kind)]

Edith Maria Grote [7. 3. 1896 - 5. 5. 1979

(ein Kind)]

Partner: Friedel Donath [28. 12. ? (drei Kinder)]

Kinder: Peter Grote [20. 7. 1944 (zwei Kinder)][311]

Edith Maria Grote

Geschlecht: weiblich

Beruf: Gärtnerin, Verlagssekretärin, Therapeutin

geboren: 7. 3. 1896

gestorben: 5. 5. 1979 (in Remiremont)

Vater: Ernst Gottlieb Grote [18. 3. 1845 - 19. 1. 1920

(fünf Kinder)]

Mutter: Johanna Therese Anna Mörschell [18. 4. 1857 -

---

[311] Ahnenpass für Werner Grote. UB Basel, NL 335, A Ic 2; A Ic 6 (Todesanzeige von Werner Grote-Donath); A Ic 9 (Rundbrief, vom Feb. 1982); A Ie 10 (1973, Monatsübersicht, hier Eintrag unter Dezember); A Ie 30; A IIa 9 (Auszüge zur Familie). Grote, Peter: Interview zu Lucy Heyer-Grotes Leben, 11. 7. 2018.

14. 6. 1903 (drei Kinder)]

Geschwister: Anna Grote [24. 8. 1873 - 13. 10. 1958]

Fritz Grote [1. 8. 1877 - 23. 1. 1946

(ein Kind)]

Lucy Johanna Grote [30. 7. 1891 -

6. 7. 1991 (ein Kind)]

Erich Werner Grote [22. 12. 1893 -

6. 11. 1968 (ein Kind)]

Partner: Wolfh. [... - 2. Weltkrieg (ein Kind)]

Kinder: Ursula Grote [17./ 19. 10. 1938 (drei Kinder)][312]

---

[312] UB Basel, NL 335, A Ic 2; A Ic 8 (einzelne Zettel); A Ie 10
(1973, Monatsübersicht, hier Eintrag unter März); A Ie 17
(1980, hier Eintrag vom 5. Mai 1980); A IIa 9 (Auszüge zur Familie).

Anselm Heyer

Geschlecht: männlich

Beruf: Reporter

geboren: 5. 2. 1919

gestorben: 22. 12. 1983

Vater: Gustav Richard Heyer [29. 4. 1890 - 19. 11. 1967
    (zwei Kinder)]

Mutter: Lucy Johanna Grote [30. 7. 1891 - 6. 7. 1991
    (ein Kind)]

Geschwister: Viviane Heyer [9. 9. 1927/28 (ein Kind)]

Partner: oo 26. 2. 1942, Gertrude Heuss
    [(zwei Kinder)][313]

---

[313] UB Basel, NL 335, A Ic 3 ("Einfälle und Notizen für Bios");
A Ic 4 (Brief von Heyer-Grote); A Ie 10 (1973, Monatsübersicht, hier Eintrag unter Februar); A Ie 20 (1983, hier Eintrag
vom 22. 12. 1983); A Ie 30.

Gertrude (Sonda) Heuss

Geschlecht: weiblich

Mutter: ... "Heuss" [... - 4.8.1972 (zwei Kinder)]
Geschwister: ? Heuss

Partner: oo 26. 2. 1942, Anselm Heyer [5. 2. 1919 -
22. 12. 1983 (zwei Kinder)]

Anmerkungen: Unterschiedliche Schreibweisen: Gertrude
und Gertraude.[314]

---

[314] UB Basel, NL 335, A Ie: 5 (hier Einträge von 20. Jan. und
26. Feb. 1942); A Ie 30.

10. 3 Lucy Heyer-Grote Bibliografie

1929

Zeitungsartikel und Beiträge in Zeitschriften und Büchern

- Heyer, Lucy: Über Laienbildung und Laientanz. In: der bewegte Mensch, Monatszeitschrift für Tanz, Gymnastik, Körperbildung und Sport, Nr. 1, Nov. 1929, S. 167-180.

1930

Zeitungsartikel und Beiträge in Zeitschriften und Büchern

- Heyer, Lucy: Pathos und Tänzer. Ansprache an die Ausbildungsschülerinnen bei einer Abschiedsfeier. In: Singchor und Tanz, Jahrgang 47, Heft 11, Mannheim 1930, S. 159-160.

1931

Zeitungsartikel und Beiträge in Zeitschriften und Büchern

- Heyer, Lucy: Gymnastik bei Neurosen und Psychosen. In: Sonderdruck aus: Bericht über den VI. Allgemeinen ärztlichen Kongress für Psychotherapie in Dresden, 14.-17. Mai 1931, S. 37-42.

1932

Zeitungsartikel und Beiträge in Zeitschriften und Büchern

- Heyer, Lucy: Über psychische Wirkungen der Gymnastik. In: Die Medizinische Welt, Ärztliche Wochenschrift, Nornen Verlag, Nr. 11, Berlin 1932, S. 1-4.

1936

Zeitungsartikel und Beiträge in Zeitschriften und Büchern

- Heyer, Lucy: Über Hilfsmethoden der Psychotherapie, Gymnastik, Atmung, Massage usw. In: Heyer, G. R.: Praktische Seelenheilkunde, München 1936, S. 167-180.

1937

Zeitungsartikel und Beiträge in Zeitschriften und Büchern

- Heyer, Lucy: Erinyen und Eumeniden. Der Kampf zwischen Geist und Erde in der antiken Tragödie. In: Heyer, G. R. /Seifert, Fr. (Hrsg.): Reich der Seele. Arbeiten aus dem Münchener psychologischen Arbeitskreis, München 1937, S. 39-51.

1942

Zeitungsartikel und Beiträge in Zeitschriften und Büchern

- Heyer, Lucy: Über Hilfsmethoden der Psychotherapie: Gymnastik, Atmung, Massage usw. In: Heyer, G. R.: Praktische Seelenheilkunde, München/ Berlin 1942.

1943

Zeitungsartikel und Beiträge in Zeitschriften und Büchern

- Heyer, G. R./ Heyer, Lucy: Psychophysische Zusammenhänge beim Asthma bronchiale und deren Behandlung. In: Medizinische Klinik. Wochenzeitschrift für praktische Ärzte, Nr. 23/24, Berlin 1943, S. 426-428.

1949

Zeitungsartikel und Beiträge in Zeitschriften und Büchern

- Heyer, Lucy: Über die Rolle von Atmung, Massage, Bewegung in der klinischen und psychotherapeutischen Praxis. In: Graber, G. H. (Hrsg.): Der Psychologe, Monatsschrift für Psychologie und Lebensberatung, Bern 1949.

1950

Zeitungsartikel und Beiträge in Zeitschriften und Büchern

- Heyer-Grote, Lucy: Über Hilfsmethoden der Psychotherapie: Gymnastik, Atmung, Massage. In: Heyer, G. R.: Praktische Seelenheilkunde, Basel 1950, S. 174-188.

1951

Zeitungsartikel und Beiträge in Zeitschriften und Büchern

- Heyer, Lucy: Die Frau und ihr Schatten. In: Der Psychologe. Berater für gesunde und praktische Lebensgestaltung. Psychologische Monatsschrift, Sonderheft 7/8, Band III., Schwarzenburg Juli/ August 1951, S. 297-302.
- Heyer, Lucy: Mensch und Ritus, Eranostagung 21. August bis 30. August 1950. In: Psyche. Eine Zeitschrift für Tiefenpsychologie und Menschenkunde

in Forschung und Praxis, 5. Jahrgang, Heft 5, Stuttgart 1951, S. 316-320.

1952

Zeitungsartikel und Beiträge in Zeitschriften und Büchern

- Heyer, Lucy: Atemtherapie. In: Vorträge der 4. Lindauer Psychotherapiewoche 1953, Stuttgart, S. 50-61.
- Heyer, Lucy: Die Frau und ihr Schatten. In: Pfeiffer, Lisbeth (Hrsg.): Die Welt der Frau, Heft 8, Jahrgang VII. Stuttgart August 1952, S. 6-7.

1953

Zeitungsartikel und Beiträge in Zeitschriften und Büchern

- Heyer-Grote, Lucy: Atemtherapie. In: Die Vorträge der 4. Lindauer Psychotherapiewoche 1953, Georg Thieme Verlag Stuttgart, S. 50-61.

1954

Zeitungsartikel und Beiträge in Zeitschriften und Büchern

- Heyer-Grote, Lucy: Atemtherapie, Wesen, Ergebnisse und Anwendungsgebiet. In: Die Heilkunst, Heft 12, Bern 1955, S. 262-265.
- Heyer, Lucy: Die Atemtherapie. In: Graber, G. H. (Hrsg.): Der Psychologe. Berater für Gesunde und praktische Lebensgestaltung, Sonderheft 7/8, Band VI., Schwarzenburg/Bern Juli/August 1954, S. 309-311.
- Heyer, Lucy: Für die Praxis Atemtherapie. In: Die Heilkunst, Heft 12, München Dezember 1954, S. 410-414.

1955

Zeitungsartikel und Beiträge in Zeitschriften und Büchern

- Heyer-Grote, Lucy: Leben und Werk von C. G. Jung. In: Graber, G. H. (Hrsg.): Der Psychologe, Monatsschrift für Psychologie und Lebensberatung, Sonderheft zum 80. Geburtstag von C. G. Jung, Heft 7, Band VII., Bern 1955, S. 262-265.

1956

Zeitungsartikel und Beiträge in Zeitschriften und Büchern

- Heyer-Grote, Lucy: Bewegungs- und Atemtherapie. In: Frankl, Viktor E./ Freiherr vom Gebsattel, Victor E./ Schultz, J. H. (Hrsg.): Sonderdruck aus Handbuch der Neurosenlehre und Psychotherapie, München und Berlin 1956, S. 299-311.

- Heyer-Grote, Lucy: Freud und Jung – ein Beitrag zur Geschichte der Tiefenpsychologie. In: Die Heilkunst. Zeitschrift für praktische Medizin und die Synthese aller Heilverfahren, 69. Jahrgang, Heft 5, München Mai 1956, S. 173-176.

- Heyer-Grote, Lucy: Leben und Werk von C. G. Jung. In: Graber, G. H. (Hrsg.): Der Psychologe, Heft 7, Schwarzenburg/Bern, S. 47-51.

- Heyer-Grote, Lucy: Psychologische Motive im Kampf um das Frauenstimmrecht. In: Graber, G. H. (Hrsg.): Der Psychologe, Monatsschrift für Psychologie und Lebensberatung, Schwarzenburg/Bern 1956, S. 47-51.

1958

Zeitungsartikel und Beiträge in Zeitschriften und Büchern

- Heyer-Grote, Lucy: Bewegungs- und Atemtherapie. In: Frankl, Viktor E./ Freiherr vom Gebsattel, Victor E./ Schultz, J. H. (Hrsg.): Handbuch der Neurosenlehre und Psychotherapie, S. 299-311.

1969

Buch

- Heyer-Grote, Lucy (Hrsg.): Atemschulung als Element der Psychotherapie. Darmstadt 1969.

1970

Zeitungsartikel und Beiträge in Zeitschriften und Büchern

- Heyer-Grote, Lucy: Bewegungs- und Atemtherapie. In: Sonderdruck aus Atemschulung als Element der Psychotherapie, Darmstadt 1970, S. 115-130. (Dies ist derselbe Text wie 1956 im Sonderdruck aus Handbuch der Neurosenlehre und Psychotherapie.)

1976

Zeitungsartikel und Beiträge in Zeitschriften und Büchern

- Heyer-Grote, Lucy: Von der Gelassenheit. In: Humanitas Autalblättli 1976, S. 11-12.

-

1977

Zeitungsartikel und Beiträge in Zeitschriften und Büchern

- Heyer-Grote, Lucy: Adventsmusik. In: Badische Zeitung Freiburg, Dezember 1977.

- Heyer-Grote, Lucy: Freude am Heimatland. In: Humanitas Autalblättli 1977, S. 14-15 und Riehener-Zeitung, 16. 9. 1977, S. 3 (1.-2. Spalte).

- Heyer-Grote, Lucy: Jubiläumskonzert der Orchestergesellschaft Weil a. Rh. Mit Beethoven in die 2. Jahrhunderthälfte. In: Riehener-Zeitung, 30. 9. 1977, S. 3 (3.-4. Spalte).

- Heyer-Grote, Lucy: Klavierkonzert im Humanitas. In: Riehener Zeitung, 27. 5. 1977, S. 7 (3. Spalte).

- Heyer-Grote, Lucy: Konzert im Humanitas. In: Riehener-Zeitung, 22. 4. 1977, S. 2 (4. Spalte).

- Heyer-Grote, Lucy: Liedernachmittag im Humanitas. In: Riehener-Zeitung, 1. 4. 1977, S. 5 (3. Spalte).

- Heyer-Grote, Lucy: Selten Gehörtes von Dvorák und Brahms. In: Riehener-Zeitung, 14. 10. 1977, S. 2 (2.-3. Spalte).
- Heyer-Grote, Lucy: Schumann und Brahms im Wenkenhof. In: Riehener-Zeitung, 29. 4. 1977, S. 2 (2.-3. Spalte).
- Heyer-Grote, Lucy: Vom Geben und Nehmen. In: Humanitas Autalblättli 1977, S. 6-7.

1978

Zeitungsartikel und Beiträge in Zeitschriften und Büchern

- Heyer-Grote, Lucy: Dauer im Wechsel. In: Humanitas Autalblättli Mai 1978, S. 12-13.
- Heyer-Grote, Lucy: Drei Mal Bach. In: Riehener Zeitung, 8. 12. 1978, S. 11 (3. Spalte).
- Heyer-Grote, Lucy: Mensch, ärgere dich nicht, sondern hilf dir selbst! In: Humanitas Autalblättli 1978, S. 15-17.

1979

Zeitungsartikel und Beiträge in Zeitschriften und Büchern

- Heyer-Grote, Lucy: Im Altersheim „Humanitas". Vom Wesen des Freimaurertums. In: Riehener-Zeitung, 21. 12. 1979, S. 2 (2.-3. Spalte).
- Heyer-Grote, Lucy: „Was geschieht im Goetheanum". In: Humanitas Autalbättli 1979, S. 16-18.

1980

Zeitungsartikel und Beiträge in Zeitschriften und Büchern

- Heyer-Grote, Lucy: Der Liebende. In: Humanitas Autalblättli 1980, S. 13.
- Heyer-Grote, Lucy: Der Name Gottes. In: Humanitas Autalblättli 1980, S. 14.
- Heyer-Grote, Lucy: Die Weisheit Indiens. In: Humanitas Autalblättli 1980, S. 13.
- Heyer-Grote, Lucy: Kammermusik in der „Humanitas". In: Riehener Zeitung, 14. 11. 1980, S. 3 (3.-4. Spalte).
- Heyer-Grote, Lucy: Vom Wesen des Freimaurertums. In: Humanitas Autalblättli 1980, S. 12.

1981

Zeitungsartikel und Beiträge in Zeitschriften und Büchern

- Heyer-Grote, Lucy: Ratschläge fürs Altsein. In: Humanitas Autalblättli 1981, S. 12-13.

1982

Zeitungsartikel und Beiträge in Zeitschriften und Büchern

- Heyer, Lucy: Der Tod, Bestandteil des Lebens, war in meiner Kindheit noch in unser Dasein einbezogen. In: Kirchenbote, Nr. 11, November 1982, S. 4 (3.-5. Spalte).
- Heyer-Grote, Lucy: Beglückendes Klavierkonzert Wolfram Lorenzen am 30. Sept. 1982. In: Riehener Zeitung, 8. 10. 1982, S. 7 (3.-4. Spalte).

1983

Zeitungsartikel und Beiträge in Zeitschriften und Büchern

- Heyer-Grote, Lucy: Kammermusik im Heim Humanitas. In: Riehener Zeitung, 25. 3. 1983, S. 7 (5.-6. Spalte).
- Heyer-Grote, Lucy: Die Musikschule im Altenheim Humanitas, Konzert vom 24. Mai 1983. In: Riehener Zeitung, 3. 6. 1983, S. 10 (1.-2. Spalte).

10. 3. 1 Von Heyer-Grote gehaltene Vorträge

2. 5. 1931	"Gymnastik bei Neurosen und Psychosen" im Clubhaus des Psychologischen Clubs in Zürich[315].
14. 5. – 17. 5. 1931	„Gymnastik in der Behandlung der Neurosen und Psychosen" an 6. Allgemeinen Ärztlichen Kongress für Psychotherapie in Dresden[316].
1934	Vorlesung "Gymnastik als Therapie" in München[317].
12. 10. 1935	„die Produktivität und Disziplinierung der Frau" in Beuren[318].

---

[315] UB Basel, NL 335, A IIb 12 (Kärtchen zu Heyer-Grotes Vortrag im Clubhaus).
[316] UB Basel, NL 335, A IIb 8.
[317] UB Basel, NL 335, B3.
[318] UB Basel, NL 335, A IIb 6 (Nachschrift des Lucy Heyer-Vortrags).

12. 7. 1940	Lehrseminar über "Über das Bilderzeichnen aus dem Unbewussten", geleitet von Lucy Heyer-Grote[319].
26. 4. 1941	„Die Atmung in der Therapie" in Stuttgart[320].
13. 6. 1941	Die Atmung und Psychotherapie, Ort ist unklar[321].
März 1946	"Einführungsvorlesung in die Hilfsmethoden der Psychotherapie" gehalten am Deutschen Institut für Psychologische Forschung und Psychotherapie[322].
14. 1. 1947	„Moderne Seelenheilkunde und Religion" im christlichen Kulturkreis Bamberg[323].

---

[319] Wo sie dieses Lehrseminar gab ist unklar. UB Basel, NL 335, A IIb 6 (Über das Bilderzeichnen)

[320] UB Basel, NL 335, A Ie: 4 (hier Eintrag vom 26. 4. 1941).

[321] UB Basel, NL 335, A IIb 6 ("Chronik 1939-1945", S. 10, Vorderseite bis S. 15, Vorderseite).

[322] UB Basel, NL 335, A IIb 6 ("Einführungsvorlesung in die Hilfsmethoden der Psychotherapie").

[323] UB Basel, NL 335, A Ie 26 (hier Eintrag vom 14. 1. 1941); B7, 2 (Ru: Seelenheilkunde und Religion In: Fränkischer Tag,

30. 1. 1950	"Ehe in der Krise" an der Volkshochschule[324].
21. 8. – 30. 8. 1950	"Mensch und Ritus" an Erano stagung in Ascona[325].
27. 6. 1952	Vortrag (Rückblick ihrer dorti-gen Tätigkeit) an einer Psychi-atrie-Tagung in Göppingen an-lässlich der Jahrhundertfeier des Christophsbades[326].
27. 4. – 2. 5. 1953	"Atemtherapie in der seelen-ärztlichen und klinischen Pra-xis" an der 4. Lindauer Psycho-therapiewoche[327].

---

18. 1. 1947; Unterlagen betr. Vortrag über "Seelenheilkunde und Religion" vom 14. 1. 1947).

[324] Vermutlich hat sie diesen Vortrag in Göppingen gehalten. UB Basel, NL 335, A le 7 (hier Eintrag vom 30. 1. 1950).

[325] Es ist unklar, an welchem Tag genau Heyer-Grote dort ih-ren Vortrag hielt. UB Basel, NL 335, B1 (1929-1952, Mensch und Ritus).

[326] UB Basel, NL 335, A IIc 1.

[327] Es ist unklar, an welchem Tag genau Heyer-Grote dort ih-ren Vortrag hielt. UB Basel, NL 335, A IId 1 (Brief von Dr. Speer); B1 (1953-1954, Die Atemtherapie, Juli/August 1954, S. 309-311).

19. 3. 1954 „Atemtherapie, Möglichkeiten und Grenzen (mit praktischen Vorweisungen)" in Luzern[328].

---

[328] UB Basel, NL 335, A Ie 8 (hier Eintrag vom 19. 3. 1954); A IId 1 (Atemübungen).

FSC
www.fsc.org

MIX

Papier | Fördert
gute Waldnutzung

FSC® C083411

Zeitfracht Medien GmbH
Ferdinand-Jühlke-Straße 7
99095 Erfurt, Deutschland
produktsicherheit@kolibri360.de